教科書の公式ガイドブック

教科書ガイド

東京書籍 版

新しい社会

完全準拠

中学社会
地理

教科書の内容がよくわかる

JN085450

編集発行 あすとろ出版

この本の使い方

① 小項目ごとに

教科書の節はいくつかの小項目に分けられています。この本では，小項目ごとにいくつかのポイントを示しました。さらに，ポイントをふまえて教科書の内容を整理してあります。

② 赤フィルター

特に重要な地理用語や事項などは<u>色太文字</u>で示しました。<u>色太文字</u>は，付属の赤フィルターを使ってかくすことができるので，テスト前のチェックなどに活用してください。

③ 解答例

教科書にのっている課題や問いかけに対する，解答や考え方の一例を示しました。この「解答例」も参考にして，自分なりの答えを考えましょう。

④ 地図や資料

学習内容を整理し，より分かりやすく理解するために，必要に応じて地図や資料などをのせていますので，学習に役立ててください。

⑤ 定期テストに対策に役立つ「解法のポイント！ 定期テスト完全攻略！」

各章末には，定期テストによく出題される教科書の学習内容や設問パターンをまとめた「定期テスト完全攻略！」を設けました。定期テスト前には，「ココがポイント！」も合わせて必ず目を通し，効率的・効果的な学習を行いましょう。

⑥ 二次元コード

教科書p.5に掲載されている二次元コードを活用したコンテンツの一部が，こちらからも利用できます。動画などを活用することで，内容の理解が深まります。

＊二次元コードに関するコンテンツの使用料はかかりませんが，通信費は自己負担となります。

目次

第3章　日本の諸地域

第4章　地域の在り方

みんなで
チャレンジ

(1)の解答例 ※(2)は略

1 西ノルウェーフィヨルド群（ノルウェー）

(1)山の間に奥行きのある湾が見られる。

2 スイス・アルプスのユングフラウとアレッチ（スイス）

(1)気温の低い地域で，氷河が見られる。

3 コモド国立公園（インドネシア）

(1)暖かい気候で，さまざまな動植物が生息している。

4 ホワンロン（黄龍）の景観と歴史地域（中国）

(1)気温は低く，石灰の成分が段状になった独特の地形が見られる。

5 イエローストーン国立公園（アメリカ）

(1)暖かい気候で，温泉や間欠泉が点在している。

6 カナディアン・ロッキー山脈自然公園群（カナダ）

(1)気温が低く，険しい山脈が見られる。

7 屋久島（鹿児島県）

(1)暖かい気候で，すぎの原生林が広がる。

8 小笠原諸島（東京都）

(1)暖かい気候で，多くの豊かな生態系が広がっている。

9 知床（北海道）

(1)気温は低く，暖かい地域とはちがった生態系が見られる。

10 白神山地（青森県・秋田県）

(1)ぶなの原生林が広がっている。

11 ンゴロンゴロ保全地域（タンザニア）

(1)草原が広がり，多くの動物が生息している。

12 モシ・オ・トゥニャ（ビクトリア滝）（ザンビア・ジンバブエ）

(1)乾燥した地域で，草木が少し見られる。

13 ウルル-カタ・ジュタ国立公園（オーストラリア）

(1)乾燥した砂漠で，草木が少しだけ生えている。

14 南部ラグーンのロックアイランド群（パラオ）

(1)気温が高い地域で，さんご礁が発達している。

15 ガラパゴス諸島（エクアドル）

(1)暖かい地域で，雨も多く，固有の生物が生息している。

16 カナイマ国立公園（ギアナ高地）（ベネズエラ）

(1)標高が高く，気温が低い。草原が広がる。

1章　世界の姿

1 地球の姿を見てみよう

●教科書 p.8〜9

ここに注目！

1 六大陸と三大洋

地球の表面は，どのような成り立ちをしているのかな？

2 世界を分ける六つの州

世界はどのように分けられるのかな？

? 大陸と海洋は，どのように分布しており，また，世界はどのように区分できるのかな。

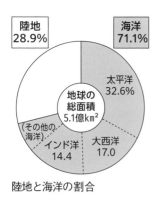

陸地 28.9%　海洋 71.1%

地球の総面積 5.1億km²

太平洋 32.6%

大西洋 17.0

インド洋 14.4

（その他の海洋）

陸地と海洋の割合

1 六大陸と三大洋　　地球は陸地と海洋からなる。海洋は主に三大洋，陸地は主に六大陸からなる。

①地球の表面は，陸地と海洋からなり，かたよって分布している。約7割が海洋，約3割が陸地と，海の面積が広いことから，地球は「水の惑星」とよばれる。

②海洋は，太平洋，大西洋，インド洋の三大洋と，それに付属する小さな海からなる。

③陸地は，ユーラシア大陸，アフリカ大陸，北アメリカ大陸，南アメリカ大陸，オーストラリア大陸，南極大陸の六大陸と，その周辺の島々からなる。

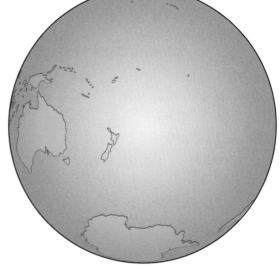

陸地が多く見える半球（左）と海洋が多く見える半球（右）

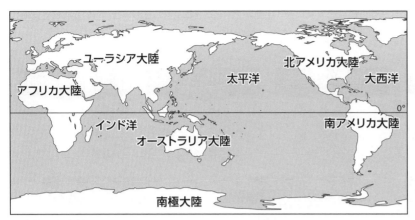

六大陸と三大洋

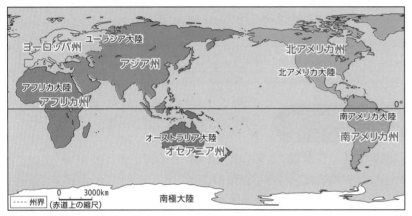

世界の州区分

海洋は，陸地の2倍以上の面積があります。

② 世界を分ける六つの州

世界は六つの州に区分される。

①南極大陸以外にあるさまざまな国と地域は，周辺の島々と合わせて次の6州に分けられる。

・アジア州：ユーラシア大陸の中央部や東側，およびその周辺の島々。

・ヨーロッパ州：ユーラシア大陸の西側とその周辺の島々。アジア州との境はウラル山脈。

・アフリカ州：アフリカ大陸とその周辺の島々。

・北アメリカ州：北アメリカ大陸とその周辺の島々。

・南アメリカ州：南アメリカ大陸とその周辺の島々。

・オセアニア州：オーストラリア大陸とその周辺および太平洋の島々。

②それぞれの州をさらに細かく区分する場合もある。

（例）アジア州…東アジア／東南アジア／南アジア／西アジア／中央アジア

トライ　解答例

・イラン
ユーラシア大陸
アジア州

・チリ
南アメリカ大陸
南アメリカ州

・イタリア
ユーラシア大陸
ヨーロッパ州

2 世界のさまざまな国々

ここに注目！

1 多くの国々が ある世界
世界にはどれくらいの数の国があるのかな？

2 国名の由来を 知ろう
国名はどのように付けられているのかな？

3 国旗に表れた 国の特色
国旗にはどのような意味があるのかな？

4 国境の決まり方
国境はどのように決められているのかな？

5 海洋国と内陸国
海洋国と内陸国はそれぞれどんな国のことかな？

6 面積の大きい国 と小さい国
面積の大きな国や小さな国にはどのような国があるのかな？

7 人口の多い国と 少ない国
人口の多い国と少ない国にはどのような国があるのかな？

？ 世界の各州には，どのような国々があるのかな。国名とその位置を確認してみよう。

読み取る **解答例**

左から
・ニュージーランド
・チリ
・インド
・アメリカ合衆国
・イタリア
・エジプト

チェック (p.11) **解答例**

アフリカ州
　かつてのヨーロッパの植民地時代に経線や緯線を使って引かれた境界線を，今も国境線として使っているため。

トライ (p.11) **解答例**

・十字の入った国旗（ノルウェー，スウェーデン，フィンランドなど）北ヨーロッパに多い。
・赤・黄色・緑の組み合わせを使った国旗（マリ，ギニア，カメルーンなど）アフリカに多い。

---

1 多くの国々が ある世界 　世界には190余りの国がある。

①世界には，日本をはじめとして190余りの国がある。

・<u>ロシア連邦（ロシア）</u>…面積が最大。

・ブラジル…地球上で日本と<u>正反対</u>の位置。

・南スーダン…2011年に<u>独立</u>した新しい国。

2 国名の由来を 知ろう 　国名は自然や歴史などに由来して付けられている。

①どの国にも，その国名が付いた由来がある。

・<u>インド</u>…大河を意味するインダス川。

・<u>フィリピン</u>…16世紀にここを<u>植民地</u>にしたスペイン皇太子フェリペ。

・<u>コロンビア</u>…アメリカ大陸に到達したコロンブス。

・<u>エクアドル</u>…スペイン語で赤道。

3 国旗に表れた 国の特色 　国旗は，国の歴史や人々の願いが表わされている。

①世界の国々には，国の歴史や人々の願いを表した<u>国旗</u>がある。

②地域や<u>歴史</u>に共通点がある国々の国旗のデザインや色には，共通点がある。

国旗の特徴	国旗の意味	国の例
南十字星がえがかれている	南半球にあること	オーストラリア, ニュージーランド　ほか
ユニオンジャックが入っている	かつてイギリスの植民地だった	オーストラリア, ニュージーランド, フィジー, ニウエ　ほか
三日月と星がえがかれている	イスラム教の信仰(しんこう)	トルコ, パキスタン, マレーシア, アルジェリア　ほか

4 国境の決まり方
自然を利用して決めた国境線, 緯線(いせん)や経線を利用して直線的に引いた国境線がある。

①国境…国と国の境界。

②国境の決め方…①山脈や川, 海などの自然を利用して決めた国境線。
　　　　　　　　②緯線や経線を利用して直線的に引いた国境線。

5 海洋国と内陸国
海に囲まれている国を海洋国, 海と接していない国を内陸国という。

①海洋国(島国)…国の全てが海に囲まれ, 他の国と陸地で接しない国。
　→日本, マダガスカル, キューバ, ニュージーランドなど。

②内陸国…どこにも海と接している部分がない国。
　→モンゴル, スイス, パラグアイなど。

6 面積の大きい国と小さい国
面積が世界最大の国はロシア, 最小の国はバチカン市国。

①世界最大の国…ロシア連邦。日本の面積の約45倍あり, 世界の陸地面積の1割以上をしめる。

②世界最小の国…バチカン市国(しこく)。イタリアのローマ市内にある。

③日本の面積の大きさは世界で61番目で, 世界には日本より小さなな国が多くある。

7 人口の多い国と少ない国
人口が最大の国は中華人民共和国, ヨーロッパやオセアニアには10万人未満の国がある。

①世界の人口は約76億人(2018年)で, 現在も増え続けている。

②州ではアジア州の人口が最も多い。国ごとで見ると中国(ちゅうごく)が最も多く, 約14億人をこえる。

③ヨーロッパ, オセアニアには人口10万人に満たない国が10か国以上ある。

④人口を面積で割った値を人口密度といい, 1平方キロメートル(km²)あたりの人口で表される。

見方・考え方　解答例

(1)・面積が大きい国
ロシア, カナダ, アメリカ合衆国, 中国, ブラジル
・面積が小さい国
バチカン市国, モナコ, ナウル, ツバル, サンマリノ
・人口密度が高い国
モナコ, シンガポール, バーレーン, バチカン市国, モルディブ
・人口密度が低い国
モンゴル, アイスランド, ナミビア, ガイアナ, オーストラリア
・日本との貿易額が大きい国
中国(中華人民共和国), アメリカ合衆国, 韓国, オーストラリア, タイ

(2)・面積が大きい国は, 北半球に多い。
・人口密度が高い国は, アジア州に多い。
・面積が小さい国は, ヨーロッパ州やオセアニア州に多い。
・人口密度が低い国は, アジア州やアフリカ州, ヨーロッパ州, オセアニア州に見られる。
・日本との貿易額が大きい国
中国(中華人民共和国), アメリカ合衆国, 韓国, オーストラリア, タイ
・日本との貿易額が大きい国は, 太平洋周辺の国が多い。

チェック　(p.13)　解答例

面積…中国(中華人民共和国)

人口密度…シンガポール

トライ　(p.13)　解答例

アジア州に多く見られる。

③ 地球上の位置を表そう

ここに注目！

① 緯度と経度

緯度と経度には
どのような意味が
あるのかな？

？ 地球上のさまざまな場所の位置を表すには，どのような方法があるのかな。

（p.14）
集める **解答例**

インドネシア，ケニア，コンゴ民主共和国，ガボン，ブラジル，コロンビア，エクアドルなど。

見方・考え方 **解答例**

アフリカ共和国（南緯30度，東経30度），トルコ（北緯40度，東経40度），カナダ（北緯70度，西経70度）（北緯80度，西経80度）など。

チェック **解答例**

本初子午線…旧グリニッジ天文台を通る経度0度の線。

赤道…緯度の基準で，0度で表される。

トライ **解答例**

ニューオーリンズ…北緯30度，西経90度

キャンベラ…南緯35度，東経150度

---

 ① 緯度と経度　**緯度と経度によって，国や都市の位置を示すことができる。**

①地球上の国や都市などの位置は，緯度と経度を使って表すことができる。

緯度…赤道を<u>0度</u>，北極点と南極点を<u>90度</u>として，南北にそれぞれ90度に分けている。赤道より北を<u>北半球</u>，南を<u>南半球</u>といい，北半球の緯度を<u>北緯</u>，南半球の緯度を<u>南緯</u>で表す。同じ緯度を結んだ線を<u>緯線</u>という。

経度…北極点と南極点を結んだ線をいう。そのうち，基準となる経線を<u>本初子午線</u>といい，イギリスの<u>ロンドン</u>にある旧グリニッジ天文台を通る。この経線を<u>0度</u>として，地球を東西にそれぞれ180度に分けている。本初子午線より東の経度を東経，西の経度を西経で表す。

②東京は，北緯<u>36</u>度，東経<u>140</u>度に位置する。

③ある地点から地球の正反対の地点を<u>対蹠点</u>という。東京の対蹠点は，南緯36度，西経40度で，ウルグアイ沖の大西洋上になる。

さまざまな国を経度と緯度で表すと，国どうしの位置関係か分かってきます。

④ 地球儀と世界地図を比べてみよう

●教科書 p.16〜17

ここに注目！

❶ 地球儀の特徴

地球儀には
どんな特徴が
あるのかな？

❷ 目的に応じた世界地図

世界地図は
どのように
作られるのかな？

? 地球儀と世界地図には，それぞれどのような特徴があるのかな。

---

❶ 地球儀の特徴 ▶ 地球儀は，地球全体の形や位置関係をほぼ正確に表している。

①地球儀…地球全体の形や，陸地と海洋の位置関係などを，ほぼ正確に表している。一方で，地球全体を一度に見ることができず，持ち歩くにも不便である。

❷ 目的に応じた世界地図 ▶ 使う目的に合わせて，さまざまな地図が作られたきた。

①地球儀の短所を補うために，使う目的に合わせて，さまざまな地図が作られてきた。
（例）距離や方位を正しく表した地図，面積を正しく表した地図，中心からの距離と方位が正しい地図など。

②球体である地球を，平面の地図に正確に写し取ることはできないため，距離，方位，面積，形などを同時に正確に表現することはできない。

地球をどのような視点で見るかによって，地図や地球儀を使い分けましょう。

 読み取る 解答例

・約5000km…カトマンズ（ネパール）／ダッカ（バングラデシュ）
・約10000km…ローマ（イタリア）／オタワ（カナダ）
・約15000km…リマ（ペルー）／キト（エクアドル）

 考える 解答例

(1) ❺の面積を正しく表した地図でグリーンランドとオーストラリアを見比べると，オーストラリア大陸のほうが，面積が大きく見える。
(2) 曲面を平面に表すために，高緯度になるほどゆがみが大きくなるため。

 （p.16） 解答例

東京から見てロンドンは，北北西に位置する。

 チェック 解答例

地球儀の長所
・地球全体の形や，陸地と海洋の位置関係などをほぼ正確に表しています。

地球儀の短所
・地球上の陸地や海洋の全体を一度に見ることはできません。
・持ち歩くにも不便です。

世界地図の長所
・使う目的に合わせて，さまざまな地図が考え出されてきました。

世界地図の短所
・正しくえがいた要素以外は，面積や距離，形が正確でない

トライ　解答例

(1)　4

(2)　5

日本から東に進んでいくと緯度の異なる南アメリカにたどり着くことからも分かるように、緯度＝東西方向ではないので注意しましょう。

緯線と経線が直角に交わった地図

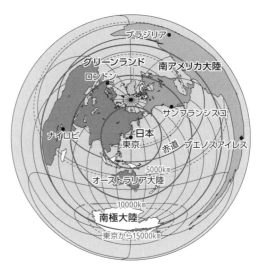

中心からの距離と方位が正しい地図

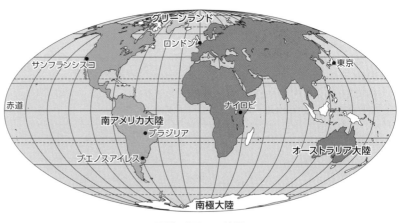

面積が正しい地図

まとめの活動　世界の国クイズ「上級編」を作ろう

みんなでチャレンジ

●ゆうまさんが作ったカード　解答

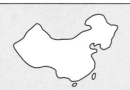

国名：中国(中華人民共和国)
・世界でいちばん人口が多いというのがポイント。
・首都のペキンではオリンピックも開かれた。

国名：ドイツ
・工業が発展している。
・首都のベルリンは「ベルリンの壁」でも有名。

国名：ナイジェリア
・日本よりも人口が多い。
・公用語は英語。

国名：アメリカ(合衆国)
・経済などで世界に大きな影響をあたえる。
・ファストフードや映画などはアメリカで生まれた文化。

国名：ブラジル
・地球上で，日本の対蹠点の近くにある国。
・サッカーが有名。

国名：オーストラリア
・日本とほぼ同じ経度にある。
・オーストラリア大陸全体で一つの国となっている。

1　世界の姿 ででてきた用語の解説

①三大洋…太平洋，大西洋，インド洋の三つの海洋のこと。

②六大陸…ユーラシア大陸，アフリカ大陸，北アメリカ大陸，南アメリカ大陸，オーストラリア大陸，南極大陸。

③緯度…赤道を0度として，南北にそれぞれ90度に分けたもの。

④経度…イギリスのロンドンを0度として，東西にそれぞれ180度に分けたもの。

⑤緯線…同じ緯度を結んだ線。地図や地球儀では横に引かれた線。

⑥経線…同じ経度を結んだ線。地図や地球儀では縦に引かれ，北極点と南極点を結ぶ。

⑦赤道…0度の緯線。

⑧本初子午線…イギリスのロンドンを通る0度の経線。

⑨海洋国(島国)…国土が海に囲まれている国。日本やマダガスカル，ニュージーランドなど。

⑩内陸国…国土が全く海に接していない国。モンゴルやスイスなど。

❶ **地球の姿について，次の地図を見て，下の問いに答えなさい。**

(1) 地図中の A ～ F に当てはまる大陸の名前を，それぞれ答えなさい。

(2) 地図中の a ～ c に当てはまる海洋の名前を，それぞれ答えなさい。

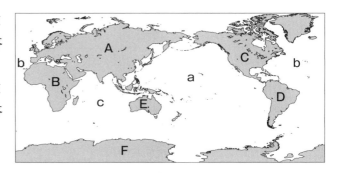

❷ **次の地図を見て，下の問いに答えなさい。**

(1) ①は世界で最も人口が多い国です。国名を答えなさい。

(2) ②は世界で最も広い国です。国名を答えなさい。

(3) ③の国境線は直線状になっています。これは，この地域がかつてヨーロッパの国々との関係性の名残です。この地域はどういう状態にあったか，漢字3字で答えなさい。

(4) 日本や④，⑤のように，周りを海に囲まれた国を何というか，答えなさい。

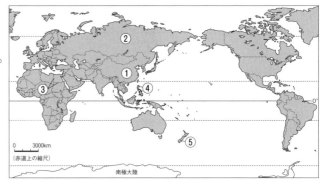

❸ **次の①～③に当てはまる地図を，下のア～ウからそれぞれ選びなさい。**

① 緯線と経線が直角に交わった地図

② 面積が正しい地図

③ 中心からの距離と方位が正しい地図

ア　　　　　　　　　　　イ　　　　　　　　　　　ウ

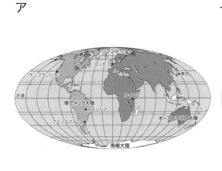 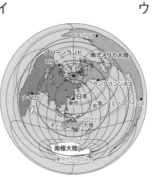 

❶ 解答

(1)　A：ユーラシア大陸
　　　B：アフリカ大陸
　　　C：北アメリカ大陸
　　　D：南アメリカ大陸
　　　E：オーストラリア大陸
　　　F：南極大陸
(2)　a：太平洋
　　　b：大西洋
　　　c：インド洋

ココがポイント！

(1)　Aはユーラシア大陸，Bはアフリカ大陸，Cは北アメリカ大陸，Dは南アメリカ大陸，Eはオーストラリア大陸，Fは南極大陸。これらをまとめて六大陸という。
(2)　aは太平洋，bは大西洋，cはインド洋。これらをまとめて三大洋という。

❷ 解答

(1)　中国(中華人民共和国)
(2)　ロシア連邦
(3)　植民地
(4)　島国(海洋国)

ココがポイント！

(1)　人口が14億人をこえる中国。
(2)　日本の約45倍の面積があるロシア連邦。
(3)　アフリカの直線状の国境線は，ヨーロッパ諸国の植民地になっていたことの名残である。
(4)　島国，または海洋国のどちらも正解。

❸ 解答

①：ウ
②：ア
③：イ

ココがポイント！

①緯線と経線が直角に交わった地図はウ，②面積が正しい地図はア，③中心からの距離と方位が正しい地図はイである。それぞれの地図では，正しくえがいた要素以外は，面積や距離，形が正確でないため，使う際には注意が必要である。

2章 日本の姿

1 日本の位置

●教科書 p.20〜21

ここに注目！

1 日本の緯度・経度

日本の位置を説明する
にはどのような
方法があるのかな？

2 日本の位置

日本の位置は
どのように
表せるのかな？

? 地球儀や世界地図を使うと，日本の位置はどのように表せるのかな。

見方・
考え方　　**解答例**

秋田県の大潟村の北緯
40度の緯線と東経140度
の経線が交わる地点に建
てられている。

集める　　**解答例**

B…北アメリカ
C…赤道
D…最も遠い地点

**1 日本の
緯度・経度**　　日本の位置を示すには，近くの国などとの位置関係や，緯度，経度で示す方法がある。

①日本の位置を説明する方法

　・近くの国などとの位置関係で示す方法。

　・緯度・経度で示す方法。

②日本列島の広がる範囲

　・東西・南北のどちらにも長い。

　・東西はおよそ東経122度から154度までの32度。

　・南北はおよそ北緯20度から46度までの26度。

③日本と同じ緯度や経度に位置する国や地域

　・同じ緯度に位置する国や地域。
　　→韓国，中国，イラン，エジプト，イタリア，地中海など。

　　※ヨーロッパ州の多くの国々は北海道よりも高緯度である。

　・日本と同じ経度に位置する国や地域。
　　→オーストラリア，パプアニューギニアなど。

日本はイタリアと
同じ緯度にあります。

❷ 日本の位置

日本の位置は，周辺の国などとの位置関係から，さまざまな表し方ができる。

①地球儀や世界地図の上で，周辺の国などとの位置関係から，日本の位置を示すことができる。

- ・中国や韓国の近くにある国。
- ・ユーラシア大陸の東にある国。
- ・太平洋の北西部に位置する海洋国（島国）。

②距離が離れた国との関係からも，日本の位置を示すことができる。

- ・アメリカ合衆国やチリと太平洋をはさんで対岸にある国。
  - ※チリなどで大地震が発生すると，津波が太平洋をわたって日本に到達することもある。

③世界のほかの国や地域から見た日本の位置

- ・オーストラリアから見ると，日本は太平洋をはさんで北にある国。
  - →どこから日本を見るかによって，位置を表す表現は変わる。

チェック　解答例

アルゼンチン…首都：ブエノスアイレス／南緯35度，西経58度

ウルグアイ…首都：モンテビデオ／南緯35度，西経56度

トライ　解答例

　日本はアジア州に属し，西側のユーラシア大陸と東側の太平洋にはさまれている。

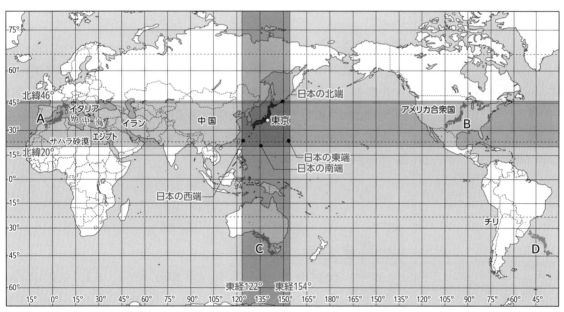

日本と同緯度，同経度の範囲

みんなで
チャレンジ　解答例

見方・考え方

(1)・北アメリカ州メキシコ…メキシコから見て日本は，太平洋をはさんで，北西に位置する。
　・アフリカ州南アフリカ共和国…南アフリカ共和国から見て，日本は東北東に位置する。
(2)　略

2 日本と世界との時差

ここに注目！

1 標準時と時差

時刻はどのように
決められて
いるのかな？

? 世界の国々の時刻はどのように決められ，時差はどのように生まれているのかな。

 考える **（上）** 解答例

同じ時刻なのに，地球の反対側の国と昼と夜が逆になってしまうということが起こる。

 チェック 解答例

日本の標準時子午線は東経135度で，兵庫県明石市などを通っており，これを基準に，日本全体が一つの標準時を使っています。

1 標準時と時差 国や地域ごとに標準時子午線を定めて，標準時を定めている。

①世界各国では，基準とする経線である<u>標準時子午線</u>の真上に太陽が位置するときを<u>正午</u>（午後<u>0</u>時）として，その国の基準となる時刻である<u>標準時</u>を定めている。

②日本の標準時子午線は東経<u>135</u>度で，<u>兵庫</u>県<u>明石</u>市などを通っている。

③東西に<u>長い</u>国には，地域ごとに複数の標準時を定めているところもある。各国が定める標準時子午線の経度が異なると，時刻にずれが生じる。このずれを<u>時差</u>という。

④地球は24時間で<u>1</u>回転して<u>360</u>度回るので，1時間あたり15度回転する（360度÷24時間＝15度）。このため，経度<u>15</u>度ごとに1時間の時差が生まれる。

 トライ 解答例

午前5時。ホノルルは経度150度を標準時子午線としており，日付変更線の東側に位置する。日本の標準時子午線との経度差は135度＋150度＝285度。日本とホノルルの時差は285÷15＝19時間で，ホノルルのほうがおくれている。

 考える **（下）** 解答例

標準時は同じだが，経度は異なるため，太陽の光があたらなくなる時間に差が出る。

 読み取る 解答例

(1) **3** から，明石の経度は東経135度，バグダッドの経度は東経45度なので，経度差は90度。経度15度ごとに1時間の時差が生まれるので，90÷15＝6となり，時差は6時間となる。

(2) **4** から，東京とニューヨークの時差を読み取ると，ニューヨークのほうが14時間おくれている。そのため，ニューヨークの日付と時刻は12月24日午後7時となる。

3 日本の領域の特色

ここに注目！

1 海洋国・日本
日本の国土の
特徴は
何かな？

2 日本の領域と排他的経済水域
国の範囲は
どこまで
あるのかな？

? 周りを海に囲まれた日本の領域には，どのような特色があるのかな。

1 海洋国・日本

日本は，主に北海道，本州，四国，九州の四つの島からなる海に囲まれた海洋国。

①日本列島は，北海道，本州，四国，九州の四つの島と，その周辺にある伊豆諸島や小笠原諸島，南西諸島など，大小さまざまな島々から成り立っている。

②日本は周囲を海に囲まれた海洋国（島国）である。日本の国土（領土）の面積は約38万km²で，およそ3000kmにわたって弓なりにのびている。

Q 日本の国境はどのようになっている？
A 日本は海洋国のため，となり合う国との国境線は全て海上にある。

2 日本の領域と排他的経済水域

国の領域は，領土，領海，領空の範囲となる。

①陸地である領土（主権のおよぶ範囲の陸地部分）と，領海（領土に接する12海里（約22km）），領空（領土と領海の上空で，大気圏内まで）を合わせた範囲を領域という。

②領海の外側で沿岸から200海里（約370km）以内を排他的経済水域という。日本の排他的経済水域は，離島が多いため，領土の面積の10倍以上になる。

Q 排他的経済水域では何が認められている？
A 沿岸国が水産資源や鉱産資源について独占的に調査・開発できる。

集める 解答例

(1)(2)
4：与那国島（沖縄県）
5：沖ノ鳥島（東京都）
6：択捉島（北海道）
7：南鳥島（東京都）

チェック 解答例

魚などの水産資源や，石油や天然ガスなどの鉱産資源について，沿岸の国が独占的に調査したり開発したりできる

トライ 解答例

日本は離島が多いため，領土の面積のわりに領海や排他的経済水域が広い。

4 北方領土・竹島と尖閣諸島
―領土をめぐる問題をかかえる島々―

ここに注目！

1 地理的に見る島々の特色

それぞれの島には
どのような特色があ
るのかな？

? 領土をめぐる問題をかかえる島々は，どのような地理的特色を持っているのかな。

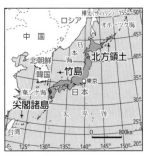

竹島，尖閣諸島，北方領土の位置

1 地理的に見る島々の特色

漁業資源，自然にめぐまれたり，海底に資源があると考えられたりしている。

①日本の島々の中には，となり合う国との間で領土をめぐる問題をかかえる島もある。

- 竹島…島根県隠岐の島町に属する日本固有の領土。現在，韓国が不法に占拠しており，日本は抗議を続けている。
- 尖閣諸島…沖縄県石垣市に属する日本固有の領土。魚釣島，久場島，南小島，北小島など八つの島で構成される。領土問題はないが，中国や台湾が領有権を主張している。
- 北方領土…北海道根室市に属する日本固有の領土。歯舞群島，色丹島，国後島，択捉島のことをいう。現在はロシアが不法に占拠しており，日本は抗議を続けている。

チェック

場所の名前	地形	気候
竹島	・もともと古い海底火山の噴火でできた島だった。 ・周囲が波に侵食され，現在のような断崖に囲まれた地形となった。	・竹島周辺の海は対馬海流(暖流)とリマン海流(寒流)とがぶつかる潮境に近い。
尖閣諸島	・魚釣島は，もともと楕円形だったが，波に侵食されて今の形になったと考えられている。 ・久場島は円形で中心に丸いくぼみがあるため，火山だと考えられている(噴火の記録は残っていない)。	・温暖で，亜熱帯特有の植物が広がる。 ・魚釣島などは，隆起して海面上に現れたさんご礁に囲まれている。
北方領土	・歯舞群島や色丹島は標高が低い一方，国後島や択捉島は大きな島である。 ・択捉島は，日本では本州などの主要四島以外では最大の島である。	・一年を通して気温が低い。 ・標高が低い場所にも高山植物が見られる。 →貴重な自然環境

トライ

解答例　　いずれの地域も，隣国との中間に位置しており，それぞれが資源にめぐまれているため問題が起こる。
- 竹島…潮境に近くに位置するため，回遊魚などの豊富な漁業資源にめぐまれている。
- 尖閣諸島…周辺の大陸棚で石油が採れる可能性が指摘されている。また，南の海底に熱水鉱床があると考えられている。
- 北方領土…広い大陸棚に囲まれているため，豊富な漁業資源にめぐまれている。

5 日本の都道府県

ここに注目！

1 日本の都道府県と地方
都道府県は歴史的にどのように定められたのかな？

2 都道府県庁所在地
都道府県庁所在地とはどんな都市なのかな？

? 日本はどのような都道府県に分けられ，それぞれどこに都道府県庁が置かれているのかな？

1 日本の都道府県と地方

廃藩置県で府県が置かれ，その後も変更がくり返され，現在の47都道府県となった。

①都道府県…日本で，地方の政治を行っている基本の単位。
　1871（明治4）年の廃藩置県で，江戸時代の「藩」が廃止されて，東京府，大阪府，京都府の3府と302県が置かれた。
　→その後，変更がくり返されて，1972（昭和47）年からは，1都1道2府43県（47都道府県）となった。
②都道府県の範囲は，廃藩置県まであった国々の範囲を受けついでいる場合や，いくつかの国を合わせた県もある。
③富士山の山頂付近のように，どこの都道府県の範囲か定まっていない所や，和歌山県北山村のように，周囲を三重県と奈良県に囲まれた「飛び地」になっている所もある。
④いくつかの都道府県を「地方」としてまとめることがある。地理の学習では，九州，中国・四国，近畿，中部，関東，東北，北海道の7地方にまとめることが多い。

東京「都」になったのは1943年です。それまでは東京「府」でした。

読み取る　（p.28）　解答例
・肥前国は，佐賀県と長崎県に分かれている。

・紀伊国は，ほとんど和歌山県と一致するが，一部が三重県に入っている。

チェック　解答例

海に面していない…栃木県，群馬，埼玉県，山梨県，長野県，岐阜県，滋賀県，奈良県

ほかの県と陸で接していない…北海道，沖縄県

トライ　解答例

略

(p.29)

読み取る 解答例

(1)右の図を参照。

(2)九州地方…福岡県，佐賀県，長崎県，熊本県，大分県，宮崎県，鹿児島県，沖縄県

中国・四国…鳥取県，島根県，岡山県，広島県，山口県，徳島県，香川県，愛媛県，高知県

近畿地方…三重県，滋賀県，京都府，大阪府，兵庫県，奈良県，和歌山県

中部地方…新潟県，富山県，石川県，福井県，山梨県，長野県，岐阜県，静岡県，愛知県

関東地方…茨城県，栃木県，群馬県，埼玉県，千葉県，東京都，神奈川県

東北地方…青森県，岩手県，宮城県，秋田県，山形県，福島県

北海道地方…北海道

(3) **6**…気候区分など
7，**8**…旅行雑誌など

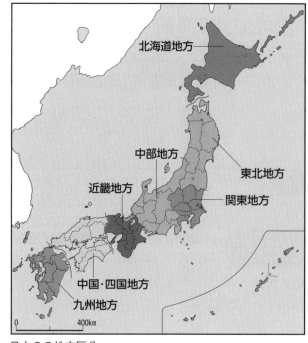

日本の7地方区分

2 都道府県庁所在地 都道府県庁所在地は，都道府県の政治の中心地。

①県庁所在地…都道府県の政治を行う，都道府県庁が置かれた都市。県庁所在地には都道府県庁のほかに，都道府県議会や裁判所など，政治の中心的な役割をはたしている機関も集まっている。

②県庁所在地名は，県名と同じであるところが大半だが，異なるところもある。

> **県名と県庁所在地名が異なる県**
>
> 北海道(札幌市)，岩手県(盛岡市)，宮城県(仙台市)，茨城県(水戸市)，栃木県(宇都宮市)，群馬県(前橋市)，埼玉県(さいたま市)，神奈川県(横浜市)，石川県(金沢市)，山梨県(甲府市)，愛知県(名古屋市)，三重県(津市)，滋賀県(大津市)，兵庫県(神戸市)，島根県(松江市)，香川県(高松市)，愛媛県(松山市)，沖縄県(那覇市)

Q 県庁所在地にはどのような特徴があるのかな？

A 多くは，城下町や港町として発展してきた歴史のある都市や，交通の中心地として発達した都市。

まとめの活動　日本の都道府県クイズ「上級編」を作ろう

みんなでチャレンジ

(3)クイズの例

(例1)：解答が神奈川県になるクイズ

> ①関東地方にある。
>
> 東京都, 千葉県, 神奈川県, 埼玉県,
> 茨城県, 栃木県, 群馬県

> ②東京湾に接している。
>
> 東京都, 千葉県, 神奈川県

> ③県名と県庁所在地名とが異なる。
>
> 神奈川県(横浜), 茨城県(水戸),
> 栃木県(宇都宮), 群馬(前橋)
> ※埼玉県も「さいたま」で表記が異なる。

(例2)：解答が熊本県になるクイズ

> ①九州地方にある。
>
> 福岡県, 佐賀県, 長崎県, 大分県,
> 熊本県, 宮崎県, 鹿児島県, 沖縄県

> ②県名に動物の漢字が入っている。
>
> 熊本県, 鹿児島県

> ③政令指定都市がある。
>
> 福岡県, 熊本県

基礎・基本のまとめ　▶1編の学習を確認しよう

●教科書 p.32

1❶人口密度：人口を面積で割った値。1平方キロメートル(km²)あたりの人口で表される。

❷緯度：赤道を0度として, 南北にそれぞれ90度に分けたもの。

❸経度：イギリスのロンドンを0度として東西にそれぞれ180度にわけたもの。

❹赤道：0度の緯線。

❺本初子午線：イギリスのロンドンを通る0度の経線。

❻時差：世界各国が定める標準時子午線の経度が異なるときに生まれる時刻のずれ。

❼標準時：標準時子午線の真上に太陽が位置するときを正午(午後0時)として, その基準となる時刻。

❽標準時子午線：各国の時刻の基準となる経線。

❾領域：陸地である領土と, 領海, 領空を合わせた範囲。

❿排他的経済水域：国の沿岸から200海里(約370km)以内の水域。排他的経済水域内では, 水産資源や鉱産資源について, その沿岸国が独占的に調査したり, 開発したりできる。

2(1)ア：太平洋　　イ：インド洋
　　ウ：大西洋　　エ：赤道
　　オ：本初子午線　　カ：日付変更線

(2)ユーラシア大陸の東にあり, 太平洋の北西部に位置している。

(3)日本の標準時子午線は東経135度で, ロンドンは本初子午線が通る0度のため, 経度の差は135度ある。15度の差で1時間の時差があるため, 東京はロンドンよりも時間が9時間進んでいることになる。したがって, 電話は1月1日の午後6時にかけるとよい。

3(1)①：緯度

(2)②：排他的経済水域

解法のポイント！ 定期テスト完全攻略！

❶ 日本の位置について，次の問いに答えなさい。

(1) 次の文中の（　）内のうち，正しいの語句を選びなさい。

日本の位置は，さまざまな方法で説明できる。例えば，①（　中国　　イギリス　）に近い国，②（　北アメリカ　　ユーラシア　）大陸の東にある国，太平洋の③（　北西部　　北東部　）にある海洋国（島国）などである。

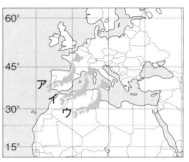

(2) 右の地図中ア〜ウから，日本を緯線に沿ってヨーロッパの方向まで移動させたときの位置として正しいものを選び，記号で答えなさい。

❷ 次の地図を見て，下の問いに答えなさい。

(1) 地図中のAを何というか，答えなさい。

(2) 日本が4月1日正午のとき，バグダッドの日付と時刻を答えなさい。

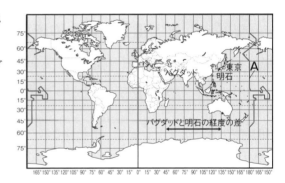

❸ 次の地図を見て，下の問いに答えなさい。

(1) 地図中の■■から，県名と県庁所在地名が異なる県を選び，その県名と県庁所在地名をそれぞれ答えなさい。

(2) 地図中にア〜ウで示した中国・四国地方の地域区分のうち，山陰地方を選び，記号で答えなさい。

(3) 地図中に▨で示した三重県が属する7地方区分名を答えなさい。

❶ 解答

(1) ①：中国
    ②：ユーラシア
    ③：北西部
(2) イ

ココがポイント！

(1) 地名が出てきたときに，地図帳で確認する習慣ができていれば，すぐに分かる問題。日本は中国や韓国の近くに位置し，ユーラシア大陸の東にある国である。また，太平洋はとても広いが，日本はその北西部に位置する海洋国（島国）でもある。8方位をもう一度確認しておこう。

(2) 日本は北緯20度から46度の間に位置し，東京はアフリカ大陸の北部とほぼ同緯度なので，イが正しい。

❷ 解答

(1) 日付変更線
(2) 4月1日午前6時

ココがポイント！

(1) ほぼ180度の経線にそって，島国の陸地にかからないように引かれている日付変更線。この線を西から東にこえるとき（日本からアメリカ合衆国に行くときなど）は日付を1日もどし，東から西にこえるとき（アメリカ合衆国から日本に行くときなど）は1日進める。

(2) 日本（明石）とバグダッドの経度差は135−45＝90度。したがって，時差は90÷15＝6時間となる。バグダッドは日本より西にあるため，時間はバグダッドのほうがおそいことになる。4月1日正午から6時間を引いて，4月1日午前6時が正解となる。

❸ 解答

(1) 県名：石川県
    県庁所在地名：金沢市
(2) ア
(3) 近畿地方

ココがポイント！

(1) 日本海に面している石川県の県庁所在地は金沢市。ほかの四つの県は青森県，千葉県，和歌山県，宮崎県で，県庁所在地名は県名と同じ。

(2) 中国・四国地方は，北からアの山陰，イの瀬戸内，ウの南四国に分けられる。瀬戸内のうち，中国地方にふくまれる部分は山陽とよばれる。

(3) 三重県は7地方区分でいうと近畿地方に属しているが，愛知県との結び付きが強く，静岡県，愛知県，岐阜県南部とともに，東海地方にもふくまれる。

1章 世界各地の人々の生活と環境

1 雪と氷の中で暮らす人々

●教科書 p.36〜37

ここに注目！

1 雪と氷でおおわれた寒帯の様子
寒帯の地域にはどのような特徴があるのかな？

2 イヌイットの暮らしの知恵
どのような暮らしをしているのかな？

3 イヌイットの暮らしの変化
人々の暮らしはどのように変化しているのかな？

? 雪と氷におおわれている地域で，人々はどのような生活をしているのかな。

見方・考え方　解答例

(1)イカルイトは，気温が高い月と低い月の気温差が大きい。また，東京と比べると，年間を通して気温が低く，降水量も全体的に少ない。

(2)両極に近い地域や，内陸および標高が高い地域に広がっている。

---

1 雪と氷でおおわれた寒帯の様子 ▶ 一年の大半が雪や氷におおわれ，厳しい寒さが続く。

①寒帯…北極や南極に近い地域で見られ，一年の大半が雪や氷におおわれており，一年のほとんどは気温が0℃以下の厳しい寒さが続く。
→短い夏には，わずかに植物が生える場所もあり，<u>カリブー（トナカイ）</u>などの大型動物も見られる。

2 イヌイットの暮らしの知恵 ▶ 漁業や狩りをして，自然環境に適応した暮らしをしている。

①イヌイットの人々…カナダ北部の寒帯地域に暮らしている。
②暮らしの知恵…以前は漁業や，あざらしや<u>カリブー</u>の狩り。狩りで得た動物の毛皮などは，寒さを防ぐ<u>衣服</u>に利用。住居は，冬はれんが状の雪を積み上げた<u>イグルー</u>を造り，夏はあざらしの皮などを使った<u>テント</u>を作った。食事は，狩りをした動物の肉や魚が中心。

3 イヌイットの暮らしの変化 ▶ 外の社会との交流が増え，生活が変化しているが，自分たちの文化を大切にしている。

①現在…多くのイヌイットは町に<u>定住</u>するようになり，電気や暖房がある住居で生活している。
②狩りで<u>スノーモービル</u>を使ったり，スーパーマーケットを利用したりしている。

 チェック　解答例

・一年の大半が雪や氷におおわれています。

・一年のほとんどの期間は，気温が0℃以下の厳しい寒さが続きます。

 トライ　解答例

・住居は，以前は移動しながら，手に入りやすい材料で作っていたが，町に定住するようになった。
・食事は，以前は狩りや漁業で手に入れたものを食べていたが，現在は狩りや漁業で得たもの以外に，スーパーマーケットで買ったパンや野菜を食べることが増えた。

---

2 寒暖の差が激しい土地に暮らす人々

ここに注目！

1 寒さが厳しい冷帯の様子
冷帯の気候や植生にはどのような特徴があるのかな？

2 シベリアの暮らしの知恵
生活にはどのような工夫があるのかな？

3 シベリアでの暮らしと環境の変化
環境はどのように変化しているのかな？

? 冬の気温がかなり低いシベリアで，人々はどのような生活をしているのかな。

第2編 第1章
世界各地の人々の生活と環境

1 寒さが厳しい冷帯の様子

冬の気温は−10℃を下回り，タイガとよばれる針葉樹林が見られる。

①冷帯（亜寒帯）…北半球の寒帯の南に広がる，夏と冬との気温差が大きい地域。気温は冬は−10℃を下回る。夏は平均気温が10℃をこえ，昼間の気温が30℃近くになる日もある。

②冷帯には針葉樹から成る，タイガとよばれる広大な森林がある。

2 シベリアの暮らしの知恵

衣食住で，厳しい寒さに適応するためのさまざまな工夫が見られる。

①シベリアの冬は，人が生活する場所では世界で最も寒い。

衣服	冬の外出は毛皮の厚いコートなどを身に着ける。
住居	熱を伝えにくい丸太を使ったり，窓を二重にしたりして，寒さを防ぐ。
主食	冷涼（れいりょう）な地域でも育つライ麦のパンやじゃがいも。新鮮（しんせん）な食材が少ない冬は，漬（つ）け物や冷凍した保存食が食べられている。

3 シベリアでの暮らしと環境の変化

動物のすむ場所が失われたり，樹木の育たない湿地が増えたりしている。

①夏には，休日に菜園が付いたダーチャで過ごす人もいる。

②冬には，アイスホッケーやスキーなどのスポーツを楽しんでいる。

③木材の生産や地下資源の開発が行われる。

→一方で，動物の住む場所が失われたり，樹木の育たない湿地（しっち）が増えたりする問題も起こっている。

見方・考え方 **解答例**

1の衣服やこおった魚の様子から冬の寒さが厳しい一方，**2**の衣服や菜園の様子から夏は比較的温暖であることが読み取れる。

読み取る **解答例**

日本の食事は米が主食だが，ロシアの食事はライ麦などのパンが主食である。

チェック **解答例**

・毛皮で作った厚いコートを着て，頭全体をおおう帽子をかぶります。

・住居にも，熱を伝えにくい丸太の木材を使ったり，外の空気が入らないように窓を二重にしたりする

トライ **解答例**

略

③ 温暖な土地に暮らす人々

ここに注目！

1 温暖で四季がある温帯の様子
温帯の地域はどのあたりに広がっているのかな？

2 イタリアでの暮らしの知恵
イタリアでの生活にはどのような特徴があるのかな？

3 暮らしの変化と伝統の保存
イタリアの暮らしはどのように変化しているのかな？

 日本やイタリアで，人々はどのような生活をしているのかな。また，どのようなちがいがあるのかな。

読み取る 解答例

・イタリアの畑ではぶどうやオリーブなどの果実が多く栽培されているが，日本の畑では果実以外も多く栽培されている。

・イタリアの住居は石造りで窓が小さいが，日本の伝統的な住居は開放的で開口部が広い。

---

1 温暖で四季がある温帯の様子
温帯の地域は，南極を除いた大陸の沿岸部を中心に広がる。

①温帯…温暖で適度に雨が降る地域。ヨーロッパや日本の広い範囲がふくまれる。同じ温帯でも，地域により気候のちがいが見られる。

・日本は夏に雨が多い。
　→温暖湿潤気候。
・地中海沿岸は冬に雨が多く降るが，夏は雨が少なく乾燥している。
　→地中海性気候。

2 イタリアでの暮らしの知恵
夏の暑く乾燥した気候に適応した生活が見られる。

①家のかべは石造りで，窓は小さい。
　→夏でも家ですずしく過ごせる。
②夏の気候に適したぶどう，オリーブ，トマトなどを栽培。
　→イタリアの食生活に欠かせないワインやオイル，ソースがつくられる。

3 暮らしの変化と伝統の保存
大都市を中心に暮らしの変化が見られるが，歴史や伝統を守る取り組みも行われている。

①イタリアには歴史のある都市が多く，古い町並みを保存するため，大規模な建物の多くは郊外に造られている。
②以前は家族などと時間をかけて昼食をとっていたが，大都市で暮らす人々を中心に変化してきている。
③地域の食材や食文化を守る取り組みも行われている。

見方・考え方 解答例

　夏の日中の外出は帽子をかぶったり，サングラスをかけたりする。これは，夏の日差しが強いためである。

チェック 解答例

　イタリアの気候は，「日本と同様，夏の気温が高い一方，日本と異なり，夏の降水量が少なく，冬の降水量が多い。

トライ 解答例

　夏は日差しが強く乾燥するため，家のかべを石造りにし，窓を小さくすることで，家の中をすずしくしている。農産物は，主に乾燥に強いぶどう，オリーブ，トマトなどが栽培されている。

---

4 乾燥した土地に暮らす人々

ここに注目！

1 雨の少ない乾燥帯の様子
乾燥帯の地域にはどのような特徴があるのかな？

2 サヘルでの暮らしの知恵
サヘルではどのような生活が見られるのかな？

3 サヘルでの暮らしの変化と砂漠化
なぜ，サヘルでは砂漠化が進んでいるのかな？

？ 乾燥した地域で，人々はどのような生活をしているのかな。

第2編 第1章 世界各地の人々の生活と環境

1 雨の少ない乾燥帯の様子
雨が少なく，砂漠などの植物が少ない乾燥した地域が広がっている。

①乾燥帯…アフリカ北部やアラビア半島，ユーラシア大陸の内陸部に広がる，雨が少ない地域。

→とくに雨がほとんど降らない地域は，植物が育たない砂漠になっている。

②オアシス…自然のわき水や井戸などで水が得られ，人々が集まる。

③サヘルなどの少量の雨が降る地域では，樹木や草が少しだけ育つ。

2 サヘルでの暮らしの知恵
遊牧や焼畑農業が行われている。

①服装…たけが長く，風通しの良い服装。

②住居…村の人々は，日干しれんがの家に住み，遊牧をする人々は，布と木のテントで生活している。

③食…焼畑農業が行われ，穀物をもちのようにしたり，おかゆにしたりして食べる。やぎや羊の乳を加工した乳製品を料理に使う。

3 サヘルでの暮らしの変化と砂漠化
人口の増加によって進む砂漠化を防ぐため，国際的な取り組みが行われている。

①農作業がない時期に都市部に出かせぎに行ったり，やぎや羊の乳製品を町で売ったりするようになった。

②人口の増加にともない，土地を休ませずに耕作や放牧が行われることで，草も育たない砂漠化が進んでいる。

→用水路の建設や植物の保護地域を設けることで砂漠化を防ぐ，国際的な取り組みが行われている。

砂漠化を防ぐ，国際的な取り組みが行われています。

チェック　解答例

・サハラ砂漠と同じ乾燥帯ですが，少量の雨が降り，そのため樹木や草が少しだけ育ち

・一年中暑く，日差しが強い

トライ　解答例

衣…日差しをさけ，暑さをしのぐために，たけが長く，風通しの良い服装をしている。

食…焼畑農業などで収穫した穀物を，もちやおかゆにして食べたり，やぎや羊の乳の乳製品を料理に使ったりしている。

住…暑さをしのぐために，日干しれんがで造られた家に住んでいる。

⑤ 常夏の島で暮らす人々

●教科書 p.44〜45

ここに注目！

1 一年中暑い熱帯の様子
熱帯の地域には
どのような特徴が
あるのかな？

2 サモアでの暮らしの知恵
サモアでは
どのような生活が
見られるのかな？

3 伝統的な暮らしの変化と観光開発
サモアでは
どのような生活の変化
が見られるのかな？

? 一年中気温が高い地域で，人々はどのような生活をしているのかな。

見方・考え方 **解答例**

・**2**からは，人々が雨が降る気候になれていることが読み取れる。
・**4**からは，かべがなく風通しが良い家で生活していることが読み取れる。
・全体的に，薄着で過ごしていることが読み取れる。

チェック **解答例**

家は，木の支柱とやしの葉などの屋根だけでできており，かべはありません。こうした造りは，風通しが良く，気温が上がる昼間でもすずしく過ごせます。

トライ **解答例**

・食…主食はタロいもで，にたり，バナナの葉などに包んで蒸し焼きにして食べたりするが，輸入した缶詰や冷凍食品が見られるようになった。
・住…伝統的な家は木の支柱とやしの葉などの屋根だけでできているが，首都のアピアにはかべのある家が増えて，郊外でもコンクリート製の支柱と金属製の屋根の家も見られるようになった。

---

1 一年中暑い熱帯の様子 ▶ 一年中暑く季節による気温の変化がほとんどない。赤道付近では毎日のように雨が降る。

①熱帯…年間を通して暑く，季節による気温の変化がほとんどない。

②熱帯は赤道付近や周辺の地域に見られる。赤道付近では毎日のように雨が降る。

③赤道付近には熱帯雨林が見られる。

・多種多様で，色彩豊かな動物や植物が見られる。

・河口や入り江周辺にはマングローブが広がる。

・沿岸にはさんご礁が見られる。

2 サモアでの暮らしの知恵 ▶ 自給自足に近い生活をしている。家は風通しが良く，すずしく過ごせる造り。

①服装…大きな布をこしに巻いたスカート，Tシャツ，サンダル。

②自給自足に近い生活をしている。

→主食のタロいもや，ココやし，バナナなどを作る。

③家は木の支柱とやしの葉などの屋根だけで造られる。

→風通しが良く，すずしく過ごせる。

3 伝統的な暮らしの変化と観光開発 ▶ かべのある家が増えた。輸入した食品や，電化製品も増えた。

①外国の生活様式の影響でサモアの伝統的な生活に変化が見られる。

・首都アピアでは，かべがある家が増えている。

・郊外でもコンクリートや金属を用いて造られた家が見られる。

・輸入した食品(缶詰や冷凍食品)，テレビなどの電化製品などが生活の中に増えてきた。

②伝統的な文化や自然を生かした観光関連の仕事をする人が増加。文化や自然を守りながら，持続可能な開発をどのように進めるかが課題である。

6 標高の高い土地に暮らす人々

ここに注目！

1 標高が高い高山気候の様子
高山気候にはどのような特徴があるのかな？

2 ペルーの高地での暮らしの知恵
生活にはどのような知恵が見られるのかな？

3 アンデス山脈の高地での暮らしの変化
暮らしにどのような変化が見られるのかな？

? 標高の高い地域で，人々はどのような生活をしているのかな。

---

1 標高が高い高山気候の様子 ▶ 同じ緯度の標高が低い地域に比べて気温が低い。樹木は少なく草原が広がる。

①高山気候…高山地域に特有な気候。
・同じ緯度でも，高山地域では，標高が低い地域と比べて気温が低い。
②アンデス山脈の中央部にある標高4000mほどの高地は，昼は20℃ほどで暖かい。夜は0℃以下になることもある。→気温差が大きい。
③雨は降るが気温が低いため，樹木は少なく草原が広がる。

2 ペルーの高地での暮らしの知恵 ▶ 標高の差をうまく利用して生活している。

①ペルーの高地では，人が標高の差をうまく利用して生活している。

・住居は4000m付近にあり，日干しれんがや石で造られる。

・住居より高い場所は農作物が育たない。
→リャマやアルパカの放牧。アルパカの毛はポンチョの材料になる。

ペルー中部のアンデス山脈の標高と土地利用

・住居よりも低い場所は農作物が育つ。
→じゃがいもやとうもろこしを栽培。じゃがいもは人々の主食。じゃがいもを乾燥させた保存食（チューニョ）も作っている。

3 アンデス山脈の高地での暮らしの変化 ▶ 都市に移り住む人が増えている。観光に関わる仕事をする人が増えている。

①アンデス山脈の高地では道路の整備が進み，人々の生活が変化している。
②町で売る商品作物を作る人や都市に移り住む人が増えている。
③マチュピチュ遺跡に多くの観光客が訪れる。
→観光に関わる仕事をする人が多くなっている。

🔍 読み取る 解答例

樹木が育たず，草原が広がっている。

☑ チェック 解答例

共通点…どちらも，一年を通して季節による気温の変化が小さく，12月～1月の時期が最も降水量が多くなる。

ちがい…クスコに比べ，アピアの方が気温も年平均気温も高く，降水量が多い。

✎ トライ 解答例

ペルーの高地では，標高の差を利用した生活の工夫が見られる。農作物の育たない高い場所では放牧，農作物が育つ低い場所では農作物が栽培されている。また，昼夜の気温差を利用して，じゃがいもを利用した保存食も作られている。

7 世界に見られるさまざまな気候

1 寒帯	**2 冷帯（亜寒帯）**	**3 温帯**
寒帯の気候にはどのような特徴があるのかな？	冷帯の気候にはどのような特徴があるのかな？	温帯の気候にはどのような特徴があるのかな？
4 乾燥帯	**5 熱帯**	**6 高山気候**
乾燥帯の気候にはどのような特徴があるのかな？	熱帯の気候にはどのような特徴があるのかな？	高山気候にはどのような特徴があるのかな？

？ 世界にはどのような気候があるのかな。気温や降水量に着目して分類してみよう。

見方・考え方 🔦 **解答例**

・一年中雨が降る熱帯雨林気候はうっそうとした森林が形成されている。同じ熱帯でも乾季もあるサバナ気候では，樹木はまばらである。

・乾燥している砂漠気候や寒さの厳しい氷雪気候は植物が生えていない。寒帯でもわずかに雨が降る季節があるツンドラ気候ではこけが生え，乾燥帯のわずかに雨が降る季節があるステップ気候は短い草原が広がっている。

①世界は気温と降水量によって五つの「気候帯」に分けられる。

②赤道が近い場所は熱帯になる。
　→緯度（いど）に沿い，温帯，冷帯（亜寒帯）（あ）と変わっていき，北極や南極に近いところから寒帯になる。

③南北の緯度20〜30度の辺りには，乾燥帯（かんそう）がある。

④寒帯や乾燥帯には森林が見られない。
　→気温が低すぎたり，雨が少なすぎたりすると樹木は育たないため。

⑤各気候帯は寒さや乾燥の程度，季節ごとの気温の変化や雨の降り方で，さらに細かく分けられる。→「気候区」

1 寒帯 　一年の大半が雪や氷でおおわれ，寒さが厳しい。

①寒帯…一年の大半が雪や氷でおおわれている，寒さの厳しい地域。

②イヌイットは，短い夏に雪や氷が解けて草やこけがわずかに生えるツンドラ気候の地域に暮らしている。

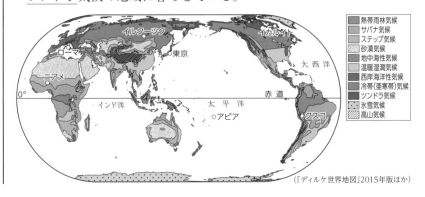

■	熱帯雨林気候
□	サバナ気候
■	ステップ気候
▨	砂漠気候
■	地中海性気候
□	温暖湿潤気候
■	西岸海洋性気候
■	冷帯（亜寒帯）気候
□	ツンドラ気候
▨	氷雪気候
▨	高山気候

（「ディルケ世界地図」2015年版ほか）

③グリーンランドや南極などの地域は，一年中雪や氷でおおわれる。
　→「氷雪気候」。

2 冷帯（亜寒帯） 　　**冬は寒さが厳しいが，夏は気温が上がり樹木が育つ。**

①冷帯（亜寒帯）…冬は厳しい寒さになるが，夏は気温が上がる。
②樹木が育ち，針葉樹の森林が広がる。
　→ユーラシア大陸や北アメリカ大陸の北部など。
③日本では，北海道が冷帯（亜寒帯）にふくまれる。

3 温帯 　　**温暖で季節の変化がはっきりしている。**

①温帯…温暖で，季節の変化がはっきりしている。
・温暖湿潤気候…雨が多く，季節による気温や降水量の変化が大きい。
　→日本など。
・地中海性気候…夏に乾燥して，冬に雨が降る。
　→地中海沿岸など。
・西岸海洋性気候…緯度が高いわりに寒くなく，一年を通して雨が降る。
　→ヨーロッパの大西洋沿岸など。

4 乾燥帯 　　**砂漠気候とステップ気候がある。**

①乾燥帯…雨が少なく乾燥している。
・砂漠気候…一年を通して雨がとても少ない。
　→オアシス以外では植物はほとんど育たない。
・ステップ気候…わずかに雨の降る季節がある。
　→わずかに樹木をふくむ，たけの短い草原が広がる。

5 熱帯 　　**熱帯雨林気候とサバナ気候がある。**

①熱帯…一年を通して気温が高い。
・熱帯雨林気候…一年中雨が降り，うっそうとした森林が広がる。
・サバナ気候…乾季と雨季がはっきりし，まばらな樹木とたけの長い草原が広がる。

6 高山気候 　　**周辺の標高が低い地域より気温が低い。**

①高山気候…標高が高い地域に見られる気候で，周辺の標高が低い場所よりも気温が低くなる。
②ペルーのアンデス高地…標高4000mをこえ，赤道に近いが一年中気温が低いため，森林が形成されない。

地理に アクセス

　現在の気候区分は，ドイツ人のケッペン（1846〜1940）による区分が基になっている。
→ケッペンは世界の植生の種類が，気候と関係した一定の広がりを持つことに気がついた。そこで植生のちがいに対応する気温と降水量に着目し，世界を区分した。

第2編 第1章 世界各地の人々の生活と環境

温帯には三つの気候区があります。

みんなで チャレンジ 　解答例

(1)赤道から南北にそれぞれ緯度に沿っていくにつれ，気温が低くなる。

(2)大陸の沿岸部は湿潤な気候が多く見られるが，内陸に行くにつれ，乾燥する地域が増えてくる。

8 人々の生活に根付く宗教

ここに注目！

1 世界のさまざまな宗教
世界にはどのような宗教があるのかな？

2 人々の暮らしと宗教
宗教は人々の暮らしにどのように影響しているのかな？

? 宗教は，人々の生活とどのように結び付いているのかな。

見方・考え方 解答例

三大宗教は，世界中に広がっているが，ヒンドゥー教やユダヤ教はある限定された地域のみの分布となっている。

---

1 世界のさまざまな宗教

世界に広がる三大宗教や，特定の民族や地域で信仰される宗教がある。

①三大宗教…仏教（教典：経）／キリスト教（教典：聖書）／イスラム教（教典：コーラン）

②三大宗教以外にも，ヒンドゥー教（インドの80％以上の人が信仰）やユダヤ教など，特定の民族や地域と強く結び付いた多くの宗教が信仰されている。

③宗教の教えのちがいにより，対立や争いが起こる場合もある。

2 人々の暮らしと宗教

いのりをささげたり，宗教で禁じられた食べ物を食べないなど，生活への影響がある。

①それぞれの宗教には，日常生活に影響をあたえる決まり事がある。

宗教	習慣・決まり事
キリスト教	・日曜日に教会に行く。 ・食事の前にいのりをささげる人もいる。
イスラム教	・1日5回，聖地のメッカに向かっていのる。 ・金曜日にモスクに集まり，いのりをささげる。 ・一般的に，飲酒や豚肉を食べることは禁止。 　→決まりを守った料理に「ハラル」のマーク。 ・寄付や断食などの決まり事もある。
仏教	・大乗仏教と上座部仏教に大きく分かれる。 ・上座部仏教のタイでは，結婚式も仏式。また，日常的に僧侶に寄付をする。
ヒンドゥー教	・牛は神の使いとされ，牛肉を食べない。 ・殺生をきらい，肉や魚を食べない人も多い。 ・ガンジス川に，沐浴する巡礼者が多く訪れる。

チェック 解答例

・いのりをささげるという共通点はあるが，仏教は仏像に向かって，キリスト教は十字架に向かって，イスラム教はメッカの方向に向かっており，いのりをささげる対象にちがいがある。

トライ 解答例

略

---

1 **①タイガ**：冷帯の地域に見られる，針葉樹から成る広大な森林。

②地中海性気候：温帯の気候区の一つ。地中海沿岸に見られ，冬に雨が多く降り，夏は雨が少なく乾燥する。

③オアシス：砂漠の中で，自然のわき水や井戸などで水が得られる場所。

④砂漠化：土地がやせて，草も育たない状態になること。土地を休ませずに耕作や放牧を続けたり，たきぎを切りすぎたりするとこうした状態になる。

⑤熱帯雨林：熱帯の地域に見られる森林。樹木の高さは50mにもなる。熱帯雨林は多種多様で，色彩豊かな動物や植物が見られる。

⑥高山気候：高山地域特有の気候。同じ緯度の標高が低い地域に比べて気温が低い。年間の気温の差はほとんどない。

⑦イスラム教：三大宗教の一つ。西アジアからアフリカ北部で広く信仰される。イスラム教徒は，聖地メッカにいのりをささげたり，飲酒や豚肉を食べることが禁止されたりと，決まりを守りながら生活している。

⑧キリスト教：三大宗教の一つ。アメリカやヨーロッパを中心に世界で広く信仰されている。キリスト教徒は神と他の人への愛を大切にし，聖書を読んだり，教会に行ったり，食事の前にいのりをささげたりする人もいる。

⑨ヒンドゥー教：インドの80％以上の人が信仰する宗教。ヒンドゥー教では牛は神の使いとされ，教徒は牛を食べない。聖なる川であるガンジス川には沐浴する巡礼者が多く訪れる。

⑩仏教：三大宗教の一つ。チベットから日本にかけて広がった大乗仏教と，スリランカおよび東南アジアに広がった上座部仏教とに大きく分かれる。上座部仏教のタイでは，生活の中に仏教が根付いており，日常的に僧侶に寄付をすることも一般的である。

2 (1)ア：熱(帯)

イ：乾燥(帯)

ウ：温(帯)

エ：冷(帯)

オ：寒(帯)

カ：キリスト(教)

キ：イスラム(教)

ク：仏(教)

ケ：ヒンドゥー(教)

(2)あ：熱帯雨林

い：オアシス

う：地中海性気候

え：タイガ

(3)お：日

か：飲酒

き：豚

く：僧侶

け：牛

3 ①気温

②降水量

③(例)町に定住するようになり，スーパーマーケットで買ったパンや野菜を食べるようになった寒帯のイヌイット

解法のポイント！ 定期テスト完全攻略！

❶ 次のア～カの雨温図は，それぞれどの気候のものですか。当てはまる気候を，語群からそれぞれ選びなさい。

〔語群〕 温帯　熱帯　乾燥帯（かんそう）　冷帯　高山気候　寒帯

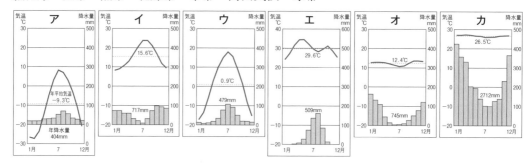

❷ 寒帯での生活について，次の文中の（　①　）～（　⑤　）に当てはまる語句を答えなさい。

カナダ北部のイヌイットの人々は，冬は雪を固めて積み上げた（　①　）とよばれるドーム型の住居を造り，夏は（　②　）の皮で作ったテントを組み立てて，野生のトナカイである（　③　）を追っている。しかし，現在は町での（　④　）が進んでいる。

❸ 冷帯について，次の問いに答えなさい。

(1) 冷帯の地域に見られる，針葉樹の広大な森林を何とよぶか，答えなさい。

(2) 次の文中の（　①　）～（　④　）に当てはまる語句を答えなさい。
　　冷帯のシベリアでは，冬の寒さは厳しいので，窓は（　①　）になっている。しかし，夏は30℃近くになることもあり，人々は（　②　）い夏を楽しむことができる。主食はパンや（　③　）で，家庭菜園付きの（　④　）とよばれる家でも(③)は栽培（さいばい）される。

❹ 温帯での生活について，次の問いに答えなさい。

(1) イタリアでは，住居のかべはどのような材料で造られていますか。

(2) 次の文中の（　①　），（　②　）に当てはまる語句を答えなさい。
　　イタリアは日本と同じ温帯気候だが，日本とは異なり，夏は乾燥して，（　①　）に雨が多く降る（　②　）気候にふくまれる。

❶ 解答

(1) ア：寒帯
　　イ：温帯
　　ウ：冷帯
　　エ：乾燥帯
　　オ：高山気候
　　カ：熱帯

ココがポイント！

　アは，年平均気温が0℃以下と寒く，夏でも10℃以下なので寒帯。イは，温暖で降水量も寒帯や冷帯よりは多く降る温帯。なお，このグラフは，降水量が夏に少なく，冬に多いことから，温帯の中でも地中海性気候（ちちゅうかいせい）だと判断できる。ウは，年平均気温が低いが，夏は20℃近くまで上がるので，寒暖の差が激しい冷帯。エは，比較的（ひかくてき）気温が高く，年降水量が極端（きょくたん）に少ないので乾燥帯。オは，年平均気温が比較的（ひかくてき）低く，変化が少ないことから高山気候と判断できる。カは，年平均気温が25℃前後と高いので熱帯となる。また，7～8月に気温が下がっていることから，日本とは異なり南半球にあるということも読み取れる。

❷ 解答

①：イグルー
②：あざらし
③：カリブー
④：定住化

ココがポイント！

　イヌイットは，冬はイグルーとよばれる雪でできた住居に住み，夏はあざらしの皮でできたテントに住んで移動しながら，カリブーを追っている。現在は定住化が進んでいる。

❸ 解答

(1) タイガ
(2) ①：二重（窓）
　　②：短
　　③：じゃがいも
　　④：ダーチャ

ココがポイント！

(1) 冷帯に見られる針葉樹の大きな森林はタイガという。
(2) シベリアは寒さが厳しいので，家の窓は二重窓になっている。人々は短いながらも夏を楽しみ，じゃがいもなどをダーチャとよばれる家庭菜園付きの家で栽培している。

❹ 解答

(1) 石
(2) ①：冬
　　②：地中海性

ココがポイント！

(1) 多くの住居のかべは石でできており，夏でもすずしく過ごせる。
(2) イタリアは，夏は乾燥して，冬に雨が多く降る地中海性気候にふくまれる。

❺ 乾燥帯について，次の問いに答えなさい。

(1) アフリカ大陸北部にある，広大なサハラ砂漠の南側に接した地域を何とよぶか，答えなさい。

(2) (1)の地域には，耕作や放牧のしすぎ，たきぎの切りすぎなどで，草も育たないやせた土地に変わった地域もふくまれています。このような変化を何というか，答えなさい。

(3) 砂漠で地下水がわき出て，井戸などでも水が得られる場所を何というか，答えなさい。

(4) (1)の地域などで見られる農業を何というか，答えなさい。

❻ 熱帯について，次の問いに答えなさい。

(1) 熱帯に見られる，うっそうとした森林を何というか，答えなさい。

(2) 熱帯の赤道付近では，島の沿岸にどのような地形が見られるか，答えなさい。

(3) サモアの住居は木で造られていますが，屋根は何でおおわれているか，答えなさい。

(4) サモアなどで主食となっているものを，次の語群から選びなさい。

〔語群〕 米　　小麦　　いも類

❼ 高山気候について，次の問いに答えなさい。

(1) 次の文中の（　①　）～（　②　）に当てはまる語句を答えなさい。
　　高山地域では，同じ緯度ならば標高の高い地域のほうが気温が（　①　），一年を通して気温の変化が（　②　）ので，暮らしやすい。

(2) ペルーなどの高山地域で飼われている家畜を，二つ挙げなさい。

❽ 世界の宗教について，次の問いに答えなさい。

(1) 右の地図は，主な宗教の分布を表しています。①～④に当てはまる宗教名を答えなさい。

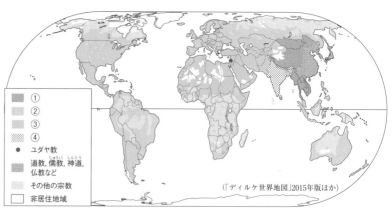

（「ディルケ世界地図」2015年版ほか）

凡例：
①
②
③
④
● ユダヤ教
道教，儒教，神道，仏教など
その他の宗教
非居住地域

(2) 次の各文は，どの宗教の説明をしたものですか。㋐～㋒に当てはまる宗教名を，それぞれ答えなさい。

㋐ 日曜日は仕事を休んで教会に行く日とされ，教えは「聖書」に書かれている。

㋑ 豚肉や酒を飲食することは禁止され，教えは「コーラン」に書かれている。

㋒ 日本でも多くの人が信仰していて，教えは「経」に書かれている。

❺ 解答

(1) サヘル
(2) 砂漠化
(3) オアシス
(4) 焼畑農業

ココがポイント！

(1) サハラ砂漠の南側は，アラビア語で岸辺を意味するサヘルとよばれている。
(2) 砂漠のような土地が広がることから砂漠化といわれる。
(3) 砂漠で水が得られるところはオアシスという。
(4) 樹木などを切りはらい，それを燃やした灰を肥料として利用し，数年で別の場所に移動しながら行う焼畑農業。

❻ 解答

(1) 熱帯雨林
(2) さんご礁
(3) やしの葉
(4) いも類

ココがポイント！

(1) 熱帯林でもまちがいではないが，熱帯雨林とおぼえておこう。
(2) 熱帯の島は，火山島かさんご礁でできた島が多い。赤道付近の島の沿岸にはさんご礁が見られる。
(3) 木で造られた住居の屋根は，やしの葉でおおわれている。
(4) タロいもが主食である。タロいもをバナナの皮で包んで食べることが多い。

❼ 解答

(1) ①：低く
　　②：少ない
(2) リャマ，アルパカ
　　（順不同）

ココがポイント！

(1) 高山地域では，同じ緯度ならば標高の高い地域のほうが気温が低く，一年を通して気温の変化が少ないので，暮らしやすい。
(2) アンデス山では，リャマやアルパカなどが放牧されている。

❽ 解答

(1) ①：仏教
　　②：キリスト教
　　③：イスラム教
　　④：ヒンドゥー教
(2) ㋐：キリスト教
　　㋑：イスラム教
　　㋒：仏教

ココがポイント！

(1) ①は東南アジア，東アジアに分布していることから仏教，②はヨーロッパ，南・北アメリカ，オセアニアに分布していることからキリスト教，③は北アフリカ，西アジア，中央アジア，東南アジアに分布していることからイスラム教と判断できる。④はインドで多くの人が信仰しているヒンドゥー教となる。
(2) 教典がヒントになる。アは「聖書」からキリスト教，イは「コーラン」からイスラム教，ウは「経」から仏教だと判断できる。

2章 世界の諸地域

1節 アジア州 ―急速な都市の成長と変化―

1 アジア州をながめて

●教科書 p.58〜59

ここに注目！

1 多様な自然環境
アジア州の
自然環境にはどのような
特徴があるのかな？

2 多彩な文化
アジア州では
なぜ多彩な文化が
見られるのかな？

3 急速な経済成長と都市問題
経済成長によって
どのような変化が
あるのかな？

? アジアの自然環境や文化，人口には，どのような特色が見られるのかな。

読み取る **解答例**

(1)西アジアは大部分が乾燥帯で，南アジアから東南アジアにかけて熱帯が広がる。東アジアからヒマラヤ山脈の南側にかけては温暖湿潤気候（温帯）が，ヒマラヤ山脈の北側の大陸の内陸部は冷帯，さらに北のモンゴル周辺は乾燥帯が見られる。シベリアは大部分が冷帯で，北極海沿岸は寒帯の地域が見られる。
(2)リヤドは砂漠気候で，年中降水量が少ない。また，夏の乾燥した時期の気温が高い。コルカタはサバナ気候（熱帯）で，年中気温が高く，夏と冬の降水量の差が大きい。シンガポールは熱帯雨林気候（熱帯）で，年中気温が高く，降水量も多い。ウランバートルは冷帯気候で，降水量は少ない。夏と冬の気温差が大きい。

1 多様な自然環境　アジア州には8000mをこえるヒマラヤ山脈があり，気候は寒帯から熱帯まで見られる。

①地形
・アジア州の中央部には8000mをこえる<u>ヒマラヤ山脈</u>や<u>チベット</u>高原があり，「<u>世界の屋根</u>」ともいわれる。
・<u>長江</u>や<u>黄河</u>，メコン川，ガンジス川，インダス川などの大河の中・下流には<u>平野</u>が広がり，<u>稲作</u>が行われている。
・アラビア半島や中央アジアには<u>砂漠</u>が広がる。
・東部や南東部には日本列島をはじめ，多くの島々が連なる。
・アジアの東部は温帯に属し，<u>モンスーン</u>という季節風の影響で，<u>四季</u>がある。

②気候
・熱帯の南部や南東部も季節風の影響を受け，<u>インド洋</u>からしめった風がふきこむ<u>雨季</u>と，<u>大陸</u>から乾燥した風がふきこむ<u>乾季</u>が見られる。
・季節風の影響を受けない内陸は<u>乾燥帯</u>が広がる。
・北部のシベリアは<u>寒帯</u>や<u>冷帯</u>に属する。

アジア州では，地域によって
さまざまな地形や気候が見られ
ます。

2 多彩な文化
人々の交流によって，さまざまな文化が広がる。

①東アジア
・日本や朝鮮半島などは，漢字をはじめ，古くから中国の文化の影響を受けてきた。米を主食にする地域が多く，食事ではしを使うなどの共通点がある。

②東南アジア
・華人とよばれる中国系の人々が移り住んで，銀行や商店を経営し，中国の文化を広めた。
・各地から伝えられたさまざまな宗教が広がっている。
　ヒンドゥー教…ゴム園などで働くインド系の人々がもたらした。
　イスラム教…香辛料などをあつかう西アジアの商人により伝えられた。
　キリスト教…スペインによる植民地支配（フィリピン）で広まった。

③西アジア
・主にアラビア語が使われ，イスラム教が広く信仰される。

3 急速な経済成長と都市問題
アジア州には多くの人口が住み，経済成長とともに都市問題も見られる。

①アジアには，世界の人口の約60％が住んでいる。
②20世紀の後半以降，アジアの多くの都市で急速に人口が増加し，世界的な巨大都市に成長したところもある。
　→都市の人口増加によって，住宅不足や交通渋滞などの都市問題も発生している。一方で，経済成長により，人々の収入が増えるなどして，生活は大きく変わってきている。

アジアでは，多彩な文化が見られます。

> **Q** なぜ都市の人口増加が起こったのか？
> **A** 農村の近代化や都市の工業化によって，農村から都市への移住が進んだため。

> 探究課題　アジア州は，なぜ急速に経済が成長してきたのでしょうか。

チェック 解答例
・リヤド…乾燥帯

・コルカタ…熱帯（サバナ気候）

・シンガポール…熱帯（熱帯雨林気候）

・ウランバートル…冷帯
※気温だけを見るとは冷帯だが，乾燥帯ととらえられることもある。

トライ 解答例
・人口が急増したことによって，労働者が増え，経済が発展した。

・人々の交流が盛んなため，貿易などが活発になり，経済が発展した。

第2編 第2章　世界の諸地域

② アジアNIESの成長

ここに注目！

■ アジアNIESの産業の変化	■ 輸出とともに成長した韓国	■ ハイテク産業が発展する台湾	■ 過密が進むアジアNIESの都市
アジアNIESとはどのような地域なのかな？	韓国はどのようにして発展してきたのかな？	なぜ台湾ではハイテク産業が発展しているのかな？	アジアNIESの地域ではどのような問題があるのかな？

？ 経済の発展によって，東アジアではどのような変化が起こっているのかな。

 見方・考え方 （p.60） **解答例**

・アジアNIESと日本の間では貿易が盛んに行われている。

・アジアNIESから日本には，多くの工業製品が輸出されている。

 読み取る **解答例**

(1)韓国の一次産業の人口。

(2)一次産品中心から工業製品中心に変化した。

 見方・考え方 （p.61） **解答例**

面積がせまいため，都市の中心部への人口集中により，高層ビルが増えた。

 トライ **解答例**

アジアNIESの都市では，中心部への人口集中で過密が進み，その結果，住宅が不足し，地価の上昇が問題になっている。

■ アジアNIESの産業の変化 ▶ **アジアNIESは，アジアの中でいち早く工業化に取り組み，経済活動が活発な国や地域。**

①第二次世界大戦後，大韓民国（韓国），シンガポール，台湾，ホンコン（香港）は工業製品の輸出国・地域として急速に成長。

→これらの国や地域では，アジアNIES（新興工業経済地域）とよばれている。

■ 輸出とともに成長した韓国 ▶ **輸出中心の工業化によって経済成長が進み，現在はハイテク（先端技術）産業が発展。**

①韓国では，原料や燃料を輸入し，加工した製品を輸出する，輸出中心の工業化が図られてきた。

・1960年代は軽工業，1970年代からは重化学工業が発展した。
・1990年代以降はハイテク（先端技術）産業が発展した。

■ ハイテク産業が発展する台湾 ▶ **アメリカにわたって働いていた人々が台湾でおこした新しい企業が発展のきっかけ。**

①台湾は，コンピューターや半導体の生産などのハイテク産業が発展しており，大規模な半導体の工場が集まっている。

■ 過密が進むアジアNIESの都市 ▶ **都市中心部への人口集中による，地価の上昇が問題になっている。**

①アジアNIESの都市では，中心部に人口が集中し，地価が高くなるといった問題が深刻になった。

②過密が進んだ都市では，ニュータウンの開発や鉄道の整備などにより，過密の解消を進めている。

☑ チェック **解答例** ・1990年代以降は，首都のソウルを中心に，半導体や薄型テレビ，携帯電話の生産といった高い技術を必要とするハイテク（先端技術）産業が発展してきています。
・台湾は世界の中でも，コンピューターや半導体の生産などのハイテク産業が発展している地域です。

③ 巨大な人口が支える中国

1 巨大な人口がもたらす発展
中国ではどのように
経済発展を
してきたのかな？

2 進む都市化と環境問題
経済の成長は
どのようなことを
もたらしたのかな？

3 格差の拡大と内陸部の開発
中国には
どのような課題が
あるのかな？

？ 中国の経済はどのように発展し，また，どのような課題が見られるのかな。

---

1 巨大な人口がもたらす発展 ▶ 沿岸部の大都市や経済特区を中心に，安くて豊富な労働力を生かして工業化を進めた。

①中国の人口…約14億人（2018年）で，東部の平野に集中する。

②中国の90％が漢族で，ほかの少数民族は主に西部にいる。

③東部の平野は農業が盛んで，華中・華南は稲作や茶の栽培，華北・東北地方は小麦や大豆などの畑作が行われている。

④西部は牧畜が中心。

⑤1980年代以降，外国企業を受け入れる経済特区やシャンハイ（上海），ティエンチン（天津）を中心に工業化が進む。

→安くて豊富な労働力を生かして工業化を進め，「世界の工場」とよばれるようになった。

2 進む都市化と環境問題 ▶ 急速な都市化に環境対策が追いつかず，深刻な環境問題が起こった。

①農村からの出かせぎ労働者が集まり，多くの都市の人口が増加し，工場や住宅の建設が相次いだ。

→急速な都市化に環境対策が追いつかず，大気や河川，湖の汚染など，深刻な環境問題が起こった。

3 格差の拡大と内陸部の開発 ▶ 沿岸部と内陸の農村部の格差が生じたため，近年，「西部大開発」が進められている。

①工業化が遅れている内陸の農村から都市に出かせぎに行く人々が多い。

②沿岸部と内陸部の格差の拡大が問題となる。

→中国政府は2000年ごろから「西部大開発」とよばれる内陸部の大規模な開発を始めた。

考える (p.62) **解答例**

シャンハイなどの大都市には，内陸部の農村などからの出かせぎ労働者が多く集まっているため。

考える (p.63) **解答例**

沿岸部には，経済特区やシャンハイ，ティエンチンなどの工業化の進んだ地域が多いため。

チェック **解答例**

外国企業の進出を積極的に受け入れながら，〜世界各地に輸出する工業国に成長した

トライ **解答例**

・都市の人口増加による環境問題には，政府は工場への規制を強めるなどしている。

・沿岸部と内陸部の格差には，政府は地域間の格差をなくすために，「西部大開発」を進めている。これにより，新たな産業の育成が行われている。

---

4 都市化が進む東南アジア

ここに注目！

1 農村の暮らしの変化
東南アジアの農業にはどのような特徴があるのかな？

2 外国企業の進出と工業化
東南アジアではどのようにして工業化が進んだのかな？

3 急速な都市化と課題
なぜ，東南アジアでは都市化が進んでいるのかな？

？ 東南アジアの経済はどのように発展し，また，どのような課題が見られるのかな。

 (p.64)
読み取る 解答例

・マレーシアの輸出品は，鉱産資源や原料などから工業製品中心に変化し，輸出額は約17倍になった。

・タイの輸出品は，農産物から，工業製品中心に変化し，輸出額は約33倍になった。

・インドネシアの輸出品は，石油のしめる割合が高かったが，さまざまな資源・原料や工業製品が輸出されるようになり，輸出額は約8倍になった。

見方・考え方 解答例

東南アジアで生産された自動車や電化製品などの工業製品が，日本に輸出されている。

チェック 解答例

(1)二期作…年に2回収穫すること。

(2)プランテーション…天然ゴムやコーヒーなどの商品作物を大規模に栽培する大農園のこと。

---

1 農村の暮らしの変化 　稲作が盛んに行われている。プランテーションでの商品作物の栽培も見られる。

①季節風（モンスーン）の影響で降水量が多く，稲作が盛んで二期作ができる地域もある。機械化などで，米の生産量は大幅に増加した。

②マレーシアやインドネシアでは，植民地時代に輸出向けの商品作物を栽培する大農園（プランテーション）が造られた。

③タイやインドネシアなどのマングローブが広がる海岸では，えびの養殖場，フィリピンではバナナの農園が開発された。

→農地開発による森林減少の問題も起こっている。

2 外国企業の進出と工業化 　外国の企業の受け入れによって，工業化が進んでいる。

①タイやマレーシア，インドネシアなどは，外国の企業を積極的に受け入れて工業化を進め，世界に工業製品を輸出している。

②東南アジア諸国連合（ASEAN）を通じて地域の結び付きを強める。

③賃金の安いベトナムやミャンマーに進出する外国の企業も増加。

3 急速な都市化と課題 　農村から仕事を求めて都市へ移動する人々が増え，急速に都市化が進んでいる。

①工業化による経済成長にともない，都市部の生活水準が向上。

→一方で農村との収入格差が広がる。1960年代から農村から都市への人口移動が増え，都市ではスラムや渋滞などの都市問題が起こっている。

トライ 解答例

都市の人口が急速に増え，スラムができたり，交通量が増えて渋滞が激しくなったりするようになった。

Q なぜ，農村から都市へ出ていく人々が増えたのか？

A 農作業の機械化によって農村の労働力が余ってきたため，仕事や高い収入を求めて都市への移住が進んだ。

⑤ 急速に成長する南アジア

1 南アジアの人々
の生活

南アジアには
どのような人々が
生活しているのかな？

2 人口増加が続く
南アジア

インドには
どのくらいの人が
いるのかな？

3 変化する産業と
都市の生活

インドでは
なぜ急速に経済が
成長しているのかな？

? 南アジアのインドでは，経済がどのように発展し，また，どのような課題が見られるのかな。

1 南アジアの人々の生活

ヒンドゥー教徒をはじめ，イスラム教徒，仏教徒が多い。多様な言語が見られる。

①インドでは<u>ヒンドゥー</u>教徒が約<u>80</u>%をしめる。

②パキスタン，バングラデシュでは<u>イスラム</u>教徒，スリランカでは<u>仏</u>教徒が多い。

③各地域ごとの言語が使われるが，<u>英語</u>を話す人も多い。

④北部は<u>穀物</u>の栽培が盛ん。雨の多いガンジス川の下流は<u>稲作</u>，その上流，雨の少ない<u>インダス川</u>流域は小麦の栽培が行われている。

2 人口増加が続く南アジア

インドの人口は13億をこえ，2022年ごろには中国をぬいて，世界一になる見通し。

①南アジアは高<u>出生</u>率，医療の発達などで<u>死亡</u>率低下のため，人口が急増。

→<u>インド</u>の人口は13億をこえ，近年に世界一になる見通し。

②人口急増に対応するため，<u>食料自給率</u>の向上に努めている。

③インドは<u>再生可能エネルギー</u>や省エネルギーの<u>普及</u>にも取り組む。

3 変化する産業と都市の生活

外国企業の受け入れを活発に行い，近年はICT（情報通信技術）産業の進出が盛ん。

①南アジアの国々では<u>せんい</u>工業が発達。インドは1990年代以降，<u>外国企業</u>の受け入れを活発に行う。

→日本企業の自動車工場もある。

②インドの急速な成長は，英語や数学の<u>教育水準</u>の高さが支えている。

③<u>ICT</u>（情報通信技術）産業が盛ん。

→欧米の企業が進出している。

読み取る 解答例

・インドの南部に位置する。

・インドの半島部に位置するデカン高原の周辺。

チェック 解答例

課題…食料やエネルギー資源の確保が難しくなることが予想されます。

対応策…新しい品種の導入や，化学肥料や農薬の使用で穀物の生産量を増やし，食料自給率を高める努力を続けています。インドでは，再生可能エネルギーの利用や省エネルギーの普及にも取り組んでいます。

トライ 解答例

外国企業の受け入れを行い，産業が発展した。近年は，アメリカで働いた人が帰国し，インド国内のICT関連の企業で活躍している。

6 資源が豊富な西アジア・中央アジア

ここに注目！

1 イスラム教徒が多い西アジア	**2 資源が豊富な西アジア**	**3 注目される中央アジア**	**4 安全で先進的な都市への課題**
イスラム教徒はどのような生活をしているのかな？	豊富な資源はどのように生かされているのかな？	中央アジアは何が注目されているのかな？	西アジア・中央アジアにはどのような課題があるのかな？

？ 西アジアや中央アジアの経済はどのように発展し，また，どのような課題が見られるのかな。

考える 解答例

　資源が豊富なペルシャ湾とアラビア海をつなぐホルムズ海峡の近くに位置し，交通の面で重要な地域であるため。

1 イスラム教徒が多い西アジア

イスラム教の教典「コーラン」に従った生活。

①アラビア語を使うアラブ系の人々が多い。イスラム教徒が多く，教典「コーラン」に従い豚肉や酒の飲食が禁じられる。
→断食やメッカへの巡礼などは，イスラム教徒の義務とされる。

Q イスラム教の教えはどのようなものか？
A 教典の「コーラン」に従い，豚肉や酒の飲食が禁じられ，断食やメッカへの巡礼などが義務とされている。

チェック 解答例

　イスラム教を信仰する人々が多く，石油の産出や輸出が盛んな国が多い。

2 資源が豊富な西アジア

資源の輸出による経済発展を背景に，工業化や近代化が進む。

①ペルシャ湾岸を中心に石油の産出・輸出が盛ん。
→産油国は石油輸出国機構（OPEC）を通して結び付いている。
②乾燥帯では，海水を淡水にする工場で，生活用水が作られている。

3 注目される中央アジア

レアメタルなどの鉱産資源の輸出で経済成長をする国も見られる。

①中央アジアの多くは乾燥帯で，イスラム教徒が多い。多くの国がソ連解体後に独立。石炭や石油，天然ガス，レアメタルなどの鉱産資源の輸出で経済成長する国が見られる。

トライ 解答例

　アジアのほかの地域は，工業の発展を背景に経済発展してきた国が多いのに対し，西アジアや中央アジアの国々は豊富な鉱産資源の生産・輸出によって経済発展している国が多い。

4 安全で先進的な都市への課題

資源にたよらない持続可能な都市づくりや，安全な生活の確保などが課題となっている。

①アラブ首長国連邦やサウジアラビアでは，再生可能エネルギーや人工知能（AI）を活用し，持続可能な都市づくりを目指している。
②西アジアでは，戦争や内戦で人々の安全に課題がある地域もある。

アジア州をふり返ろう ●教科書 p.72

1 ①カスピ(海)　　　　　　　⑥メコン(川)

②チベット(高原)　　　　　⑦アラビア(半島)

③黄河　　　　　　　　　　⑧インダス(川)

④長江　　　　　　　　　　⑨ヒンドスタン(平野)

⑤ヒマラヤ(山脈)　　　　　⑩ガンジス(川)

アジア州の学習をまとめよう ●教科書 p.72〜73

みんなでチャレンジ 解答例

(3)教科書で挙げられているもの以外の記入例

地域	経済が成長した理由	経済成長による課題
アジアNIES		・土地の値段(地価)が高くなる。
中国		・都市の周辺で工場や住宅の建設が相次ぎ,大気や河川の汚染など深刻な環境問題が起こった。
東南アジア	・ASEANの結び付き。	・都市の人口が急速に増えたことで,スラムができたり,交通渋滞が激しくなったりしている。 ・農地の開発による森林の減少。
南アジア	・英語や数学の教育水準の高さ。	
西アジア・中央アジア	・OPECの結び付き。 ・石油化学工業の発展,近代的なかんがい施設,道路の整備を進めてきた。	・鉱産資源に限りがある。

2節 ヨーロッパ州 ―国どうしの統合による変化―

1 ヨーロッパ州をながめて

●教科書 p.76〜77

ここに注目！

1 温暖な気候と広い平野
ヨーロッパはどのような自然環境なのかな？

2 多様な民族と共通の文化
民族と文化にはどのような特徴があるのかな？

3 統合するヨーロッパ
ヨーロッパの国々はどのように結び付いているのかな？

? ヨーロッパ州の自然環境や文化，人口には，どのような特色が見られるのかな。

読み取る **解答例**

(1)温帯の西岸海洋性気候が広い範囲に見られ，そのほかに寒帯のツンドラ気候，冷帯，温帯の地中海性気候や温暖湿潤気候，ステップ気候，高山気候が見られる。

(2)パリ…西岸海洋性気候。温暖で季節の変化が見られ，一年を通して雨が降る。

ローマ…地中海性気候。温暖で季節の変化が見られ，夏は乾燥し，冬は雨が降る。

ベルリン…西岸海洋性気候。温暖で季節の変化が見られ，一年を通して雨が降る。

ヘルシンキ…冷帯気候。夏と冬の気温差が大きく，冬の寒さが厳しい。一年を通して雨が降る。

---

1 温暖な気候と広い平野 ▶ **緯度のわりに，冬は比較的温暖で，気候に合わせてさまざまな農業が行われている。**

①ヨーロッパ州はユーラシア大陸の西に位置し，大陸の東に位置する同緯度の地域と比べて冬が温暖で，年間の気温差が小さい。

②ヨーロッパの気候は南北で異なり，地中海から北上するにつれて気温は下がる。

Q なぜ，ヨーロッパ州の冬は比較的温暖なのか？
A 大陸の西を流れる暖流の北大西洋海流と，その上空から大陸にふく偏西風が寒さを和らげるため。

③気候のちがいは農業にも現れている。

地域	気候の特徴	主な農畜産物
地中海沿岸	気温が高く，乾燥	オリーブなどの果実，小麦
フランス，ドイツ	中間	小麦やライ麦などの穀物
ヨーロッパ北部，アルプス山脈	気温が低い	牛や羊

④ヨーロッパでは，全体として低平な土地が広がり，中央部の広い平野には，ライン川のような大河川がある。

⑤南部には，アルプス山脈などの大きな山脈がある。

⑥北部の沿岸部にはフィヨルドとよばれる奥行きのある湾が多く見られる。

2 多様な民族と共通の文化

使う言語によって民族が分けられ，キリスト教が広く信仰されている。

①多くの民族が住むヨーロッパでは，民族を基に国を造ってきた。民族は使う言語によって大まかに分けられるが，大部分の言語は基になっている言語が同じため，表現に共通性がある例も見られる。

言語の系統	主な言語
ゲルマン系言語	英語，ドイツ語，ノルウェー語
ラテン系言語	フランス語，イタリア語，スペイン語
スラブ系言語	ロシア語，ポーランド語，ブルガリア語
その他の言語	ハンガリー語，ギリシャ語

②ヨーロッパではキリスト教が広く信仰されている。近年は，アジアやアフリカからの移住によって，イスラム教を信仰する人々も増えているが，キリスト教はヨーロッパ共通の重要な文化である。

3 統合するヨーロッパ

20世紀の後半以降，経済や政治の統合が進み，現在のEU加盟国は27か国。

①20世紀後半からは，ヨーロッパでは経済や政治の面での統合が進められ，1993年にEU（ヨーロッパ連合）が成立した。EUの2020年現在の加盟国は27か国である。

加盟時期	加盟国
EC発足当時	フランス，ドイツ※，イタリア，ベルギー，オランダ，ルクセンブルク
EU発足当時	イギリス※※，アイルランド，デンマーク，ギリシャ，スペイン，ポルトガル
1995年	オーストリア，スウェーデン，フィンランド
2004年以降	ポーランド，チェコ，スロバキア，ハンガリー，スロベニア，リトアニア，エストニア，ラトビア，マルタ，キプロス，ブルガリア，ルーマニア，クロアチア

※EC発足当時は西ドイツ。旧東ドイツは，1990年のドイツ統一にともない，ECに編入された。※※イギリスは，2020年にEUを離脱した。

探究課題 ヨーロッパ州では，なぜ統合をめぐるさまざまな動きが見られるのでしょうか。

見方・考え方 〔解答例〕

地中海沿岸では，乾燥に強い果実や小麦が生産され，気温が低いヨーロッパ北部やアルプス山脈などでは，家畜が飼育されている。中間のフランスやドイツなどでは，主に穀物が生産されている。

2020年にイギリスがEUを離脱しました。

チェック 〔解答例〕

大陸の西を流れる暖流の北大西洋海流と，その上空から大陸にふく偏西風が寒さを和らげるため

トライ 〔解答例〕

・小さな国々が，経済的・政治的に統合し，地域として世界的に高い地位をえるため。

・ヨーロッパの多くの地域は陸地でつながり，言語や宗教などで共通の文化が見られ，統合がしやすかったため。

2 ヨーロッパ統合の動き

---

2 ヨーロッパ統合の動き

ここに注目！

2 ヨーロッパ統合の動き

●教科書 p.78〜79

1 国境をこえた統合の動き
なぜヨーロッパでは統合が進められてきたのかな？

2 ヨーロッパの統合と産業
産業にはどのような変化があったのかな？

3 ヨーロッパの統合と人々の生活
人々の生活にはどのような変化があったのかな？

? ヨーロッパでは，どのように統合が進められたのかな。

考える　解答例

・パスポートを持たずに，国境をこえて通勤や買い物をすることができる。

・物資の移動がしやすいため，産業が発達する。

見方・考え方　解答例

地中海沿岸…温暖な気候のため，リゾート地として過ごせる。

アルプス山脈…美しい自然景観を見たり，トレッキングなどをしたりできる。

チェック　解答例

・20世紀以降は〜ヨーロッパはこうした国に対抗する必要が出てきました。

・これ以上ヨーロッパで戦争を起こさない

---

1 国境をこえた統合の動き
アメリカやソ連の発展に対抗するため，経済的・政治的な結び付きが進んだ。

①ヨーロッパでは，近代的な工業が早くから発展してきた。20世紀以降はアメリカやソ連の発展に対抗する必要が出てきた。

②第二次世界大戦後，石炭や鉄鉱石の共同利用など，経済的な協力が始まった。
→1967年に発足したヨーロッパ共同体（EC）は，1993年にEUへと発展し，2002年には共通通貨ユーロが導入された。

2 ヨーロッパの統合と産業
工業で国境をこえた結び付きが進み，輸出入が活発になった。

①経済的な統合は，工業に表れている。
→航空機の生産では，複数の国の企業が共同で企業を設立して，国境をこえた技術協力を行っている。

Q なぜ，ヨーロッパでは東ヨーロッパに工場を移す企業があるのか？
A EUに加盟する国では貿易品に関税がかからないため，地価や賃金の安い東ヨーロッパに工場を移す企業が増えている。

3 ヨーロッパの統合と人々の生活
日常生活や観光で国境をこえた人々の移動が活発になり，交通網の整備も進んだ。

①多くのEU加盟国間の国境では，パスポートの検査がなく，通過が自由である。

②高速鉄道や高速道路，航空路線などの交通網の整備も進んでおり，観光や貿易にも役立っている。

トライ　解答例

・4から，EU加盟国間の貿易では関税がかからず，国をこえた技術協力をしやすい。

・5から，国境をこえた交通網の整備により，人々の移動が活発である。

・7から，人の移動が活発で，観光が盛ん。

③ 持続可能な社会に向けて

●教科書 p.80〜81

ここに注目！

1 ヨーロッパの環境問題
ヨーロッパでは
どのような環境問題が
起こっているかな？

2 環境問題への取り組み
ヨーロッパの
環境対策はどのように
行われているのかな？

3 持続可能な社会を目指した観光や農業
観光ではどのような
取り組みが
行われているのかな？

? ヨーロッパでは，環境問題を改善するために，どのような取り組みが行われているのかな。

---

1 ヨーロッパの環境問題　河川や大気の汚染や酸性雨が問題となっている。

①19世紀からの<u>工業</u>の発展により，河川や大気の<u>汚染</u>が問題になった。

②<u>酸性雨</u>は広い範囲で深刻な被害をもたらした。

③20世紀末ごろから，豪雨などの<u>異常気象</u>による災害が問題になる。

2 環境問題への取り組み　EU共通の取り組みによって，持続可能な社会を目指している。

①EUでは，環境問題に対して，国をこえた<u>協力体制</u>で取り組む。

②<u>ライン川</u>のような国際河川では，<u>汚水処理</u>施設の設置や，工場からの<u>排水</u>の規制によって，<u>水質</u>が改善されてきている。

③<u>温室効果ガス</u>の排出を減らすために，風力などの<u>再生可能エネルギー</u>を利用した発電も取り入れられている。日常生活でも<u>リサイクル</u>が行われたり，大気汚染や<u>交通渋滞</u>の対策として<u>パークアンドライド</u>が進められたりするなど，<u>持続可能な社会</u>を目指す取り組みが行われている。

3 持続可能な社会を目指した観光や農業　エコツーリズムなど環境に配慮した観光が盛ん。

①農村に滞在する<u>ルーラル・ツーリズム</u>や，自然を学習しながら楽しむ<u>エコツーリズム</u>も，環境に配慮した<u>持続可能</u>な観光として人気がある。環境に配慮している農家に対して<u>補助金</u>を出すなどしている。

世界では，自然環境に配慮した観光も行われています。

考える　解答例

・平たんで風をさえぎる山や建物がないため。

・ヨーロッパの平野は，年間を通して同じ方向から風がふくことが多い。（偏西風）

チェック　解答例

・河川や大気が汚染

・酸性雨

・地球温暖化

トライ　解答例

　ヨーロッパでは環境問題に対して，国をこえた協力によってさまざまな取り組みが行われている。再生可能エネルギーを積極的に取り入れたり，日常生活や観光などでも環境に配慮した取り組みを行ったりして，持続可能な社会を目指している。

第2編　第2章　世界の諸地域

④ EUがかかえる課題

●教科書 p.82〜83

ここに注目！

1 格差をかかえるEU
EU加盟国の増加によってどのような課題が生じたのかな？

2 ヨーロッパの産業の変化と課題
移民や難民の増加にはどのような課題があるのかな？

? ヨーロッパでは，統合によってどのような変化や課題が見られるのかな。

考える 解答例

　イギリスはEUの中でも発展している国だったことで，EU加盟国間の格差を解消するための支援の負担が大きかったため。

まとめる 解答例

　全体的に，2004年以降にEUに加盟した国の一人あたりの国民総所得が，それ以前からの加盟国と比べて低い。

チェック 解答例

・EU加盟国の間の経済格差
・加盟国の増加で〜加盟国の独自の考えが反映されにくくなる
・補助金の負担などをめぐる，加盟国の間の対立
・移民や難民への対応

トライ 解答例

・ほかの地域より，各国の結び付きが強い一方で，域内の経済格差が大きい。
・EU域内の人の移動や，EU域外からの移民や難民の受け入れも多く，失業者の増加や差別や排除を主張する活動も問題となっている。

---

1 格差をかかえるEU　▶**EU加盟国間の経済格差が課題となっている。**

①2004年以降にEUに加盟した東ヨーロッパの国々と西ヨーロッパの国々との<u>経済</u>格差が大きい。

　→ギリシャなどの<u>経済危機</u>の影響で格差は広がると予測されている。

②EUは格差解消のために<u>補助金</u>を支給している。

　→<u>補助金</u>の負担をめぐる，加盟国間の<u>対立</u>も問題になっている。

> **Q** 加盟国の増加による問題にはどのようなことがあるか？
> **A** 意見の調整・決定に時間がかかる。加盟国独自の考えが反映されにくい。

2 ヨーロッパの産業の変化と課題　▶**移民や難民の増加にともない，失業者の増加や差別の問題が生じている。**

①イギリスや<u>ドイツ</u>などでは，1970年代以降に鉄鋼業などで，国際的な競争力が<u>弱まった</u>。

②1980年代以降は<u>ハイテク産業</u>が大きく成長した。

③1990年代以降は，東ヨーロッパへの工場立地も多く見られる。

④<u>ロンドン</u>や<u>パリ</u>などの大都市に産業が集中し，<u>フランクフルト</u>には<u>ヨーロッパ中央銀行</u>が置かれ，EUの<u>金融</u>・経済の中心地となっている。

⑤西ヨーロッパの国々には，EUの東部や南部からの低い賃金で働く<u>外国人</u>労働者や，<u>植民地</u>だった地域からの移民が増えている。

⑥EUの多くの国では難民も受け入れている。

　→<u>失業者</u>の増加や差別など，<u>移民</u>や<u>難民</u>への対応は，EUにとって深刻な問題になっている。

ヨーロッパ州をふり返ろう

●教科書 p.86

1 ①黒(海)

②ウラル(山脈)

③バイカル(湖)

④ライン(川)

⑤イベリア(半島)

⑥地中(海)

⑦スカンディナビア(半島)

⑧北(海)

⑨ドナウ(川)

⑩アルプス(山脈)

まとめの活動

ヨーロッパ州の学習をまとめよう

●教科書 p.86～87

みんなで
チャレンジ　解答例

(3)教科書で挙げられているもの以外の記入例

ヨーロッパ統合のきっかけ

・大きく発展したアメリカやソ連への対抗。

・ヨーロッパではこれ以上戦争を起こさないという思い。

統合がもたらした良い影響

・ヨーロッパ全体で農産物や工業製品が活発に輸出入されている。

・人の移動も多くなり，観光業も重要な産業になった。

・世界の経済や政治に大きな影響をあたえている。

統合によって起こった課題

・EU加盟国間での経済格差の広がり。

・加盟国間の対立。

・外国人労働者の増加による失業者の増加。

今後もヨーロッパは統合を進めるべきか

・観光でいろいろな場所に行って，人々の交流も増えるので，統合を進めるべきだ。

・国々の格差がどんどんと広がってしまうので，統合を進めるべきではない。

3節　アフリカ州 ―国際的な支援からの自立に向けて―

1 アフリカ州をながめて

●教科書 p.90〜91

ここに注目！

1 広大な砂漠が広がるアフリカ
自然環境には
どのような特色が
あるのかな？

2 サハラ砂漠の北と南
地域による
文化のちがいが
あるのかな？

3 アフリカの歩み
ほかの地域とは
どのようなつながりが
あるのかな？

? アフリカ州の自然環境や文化，歴史には，どのような特色が見られるのかな。

読み取る （上）

解答例

(1)熱帯の熱帯雨林気候や
サバナ気候，乾燥帯のス
テップ気候や砂漠気候，
温帯の地中海性気候，西
岸海洋性気候や温暖湿潤
気候，高山気候。

(2)ラバト…地中海性気候。
一年を通して比較的温暖
で，夏は乾燥し，冬は雨
が降る。

ダルエスサラーム…サバ
ナ気候。一年中気温が高
く，乾季と雨季が見られ
る。

ケープタウン…地中海性
気候。一年を通して比較
的温暖で，夏は雨が少な
く，冬に雨が降る。

カイロ…乾燥帯。気温は
高く，一年中ほとんど雨
が降らない。

▶1 広大な砂漠が広がるアフリカ

世界最大のサハラ砂漠や熱帯雨林，高山地域など多様な自然環境が広がる。

①アフリカ州は，アフリカ大陸と周辺の島々から成り，地中海をはさんでヨーロッパの南に位置している。

②アフリカ大陸の気候・景観

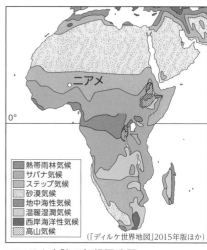

アフリカ大陸の気候区分図

熱帯雨林気候
サバナ気候
ステップ気候
砂漠気候
地中海性気候
温暖湿潤気候
西岸海洋性気候
高山気候

（「ディルケ世界地図」2015年版ほか）

・赤道付近は熱帯で，コンゴ盆地やギニア湾岸などに常緑広葉樹の熱帯雨林が見られる。

・サバナとよばれるまばらに樹木のある草原が広がる。

・たけの短い草の見られるステップや砂漠が見られる。

・温帯気候で，小麦やブドウが栽培されている地域も見られる。

③アフリカ北部には，世界最大のサハラ砂漠がある。

④砂漠の東にはナイル川が北に向かって流れ，沿岸では農地や都市が広がる。

⑤大陸東部には，キリマンジャロやケニア山などの，標高が5000mをこえる高山や，平均の標高が2000m以上あるエチオピア高原があり，赤道付近でも，高山気候に属するすずしい地域である。

⑥大陸の南部にも，標高1000m以上の高原や丘陵が広がる。

❷ サハラ砂漠の 北と南

サハラ砂漠以北と南部で異なる宗教・食文化 が見られる。

アフリカの文化は，サハラ砂漠の北と南とで異なる。

地域	主な宗教	食文化
サハラ砂漠 以北	<u>イスラム</u>教	<u>アジア</u>や<u>ヨーロッパ</u>の 影響を受けた料理も見 られる。
サハラ砂漠 より南	<u>イスラム</u>教・地域の伝統 的な宗教・<u>キリスト</u>教	伝統的ないもやとうも ろこしの料理。

❸ アフリカの歩み

近代以降の植民地支配からの独立と，発展に 向けての国際的な支援が行われている。

①アフリカは人類が誕生した場所であり，古代には<u>ナイル</u>川下流にエ <u>ジプト</u>文明が栄えていた。

②16世紀に始まった<u>ヨーロッパ</u>人との交易では<u>金</u>や<u>象牙</u>が注目され， その後，1000万人以上ともいわれる人々が，<u>奴隷</u>としてアメリカ大 陸に送られた。

③19世紀末までには，アフリカの大部分が<u>ヨーロッパ</u>諸国の<u>植民地</u>に なり，1950年代以降まで支配が続いた。

④現在は，ほとんどの地域が<u>独立</u>を果たしている。

⑤独立後のアフリカでは，<u>熱帯</u>の環境を生かした農産物や，石油や鉱 物などの資源の<u>輸出</u>が盛んである。

→産業の発展は後れており，欧米諸国や日本から経済的な<u>援助</u>を受 けている。

 探究 課題 アフリカ州では，なぜ国際的な支援が必要とされているの でしょうか。

アフリカの発展のため には，世界各国からの支 援が必要です。

 集める 〔解答例〕

・植民地支配の際の境界 線が，現在の国境の一部 になっているところがあ る。

・植民地支配をしていた 国の言語が，現在の公用 語になっている国がある。

 チェック 〔解答例〕

(1)サハラ砂漠以北の大部 分は砂漠が広がり，サハ ラ砂漠より南は赤道周辺 の熱帯雨林，東部の高山 地域や標高の高い地域な ど多様な景観が広がる。

(2)サハラ砂漠以北は，イ スラム教が信仰され，ア ジアやヨーロッパの影響 を受けた料理が食べられ ているが，サハラ砂漠よ り南は，イスラム教以外 の宗教も信仰され，伝統 的ないもやとうもろこし の料理が食べられている。

 トライ 〔解答例〕

・砂漠の気候や熱帯の気 候など，都市が発達しに くい地域が広く，産業の 発展が進みにくかったた め。

・ヨーロッパ諸国による 植民地支配から独立して からの期間が短いため。

2 アフリカの産業と新たな開発

ここに注目！

1 世界に輸出されるカカオ
カカオはどこで多く生産されているのかな？

2 プランテーション農業と農牧業
農業にはどのような特徴があるのかな？

3 豊富な鉱山資源
レアメタルとはどのような鉱産資源なのかな？

4 アフリカの産業の仕組み
産業にはどのような課題があるのかな？

? アフリカの産業には，どのような特色や課題があるのかな。

 読み取る 解答例

(1)木の幹になっているカカオの実を，手に持った道具を使って収穫している。

(2)略

見方・考え方 解答例

石油…北アフリカとギニア湾沿岸の国に集中して分布している。

クロム…アフリカ南部の国に分布している。

 チェック 解答例

植民地時代のアフリカでは，ヨーロッパ人がプランテーション農業を行い，〜重要な輸出品になっています。

---

1 世界に輸出されるカカオ ▶ ギニア湾岸は世界有数のカカオ生産地となっている。

①アフリカでは，植民地時代に，ヨーロッパ人によってアメリカ大陸から持ち込まれたカカオが輸出用に生産されている。

②コートジボワールやガーナは世界有数のカカオ生産国である。

2 プランテーション農業と農牧業 ▶ 焼畑農業などの伝統的な農業と植民地時代のプランテーション農業が中心。

①植民地時代から，特定の農作物を栽培するプランテーション農業が行われている。アフリカでは伝統的に，狩りや採集，焼畑農業，牧畜，遊牧などが営まれてきた。

②外国からの援助で農地の開発が進んでいる。

3 豊富な鉱山資源 ▶ ハイテク産業などで活用されるレアメタルが注目されている。

①アフリカは銅や金，ダイヤモンドなどが豊富で，植民地時代に開発され，主要な輸出品となった。近年は，南部を中心にするコバルトなどのレアメタルや，ナイジェリアや北アフリカの石油が注目されている。

4 アフリカの産業の仕組み ▶ モノカルチャー経済とよばれる特定の農作物や鉱産資源への依存が課題となっている。

①アフリカの多くの国々は，少ない種類の農作物や鉱産資源の輸出で成り立つモノカルチャー経済である。

②天候や経済の状況によって価格の変動が大きいため，収入が安定しないことが課題となっている。

 トライ 解答例

農業や鉱業などの一次産業が中心となっている。農業は，植民地時代に開発されたプランテーションでの輸出向けの作物の生産が多い。また，先進国や中国などの産業で使われる石油やレアメタルなどの鉱産資源の生産が盛ん。

---

③ 発展に向けた課題

●教科書 p.94～95

ここに注目！

1 民族分布と国境
多くの民族がいる
アフリカではどのような
問題があるのかな？

2 進む都市化と人口増加
都市化や人口増加に
よって何が問題に
なっているのかな？

3 発展への課題
発展に向けて
どのような取り組みが
行われているのかな？

? アフリカが発展していくうえで，どのような課題があるのかな。

1 民族分布と国境 ▶ 民族対立による内戦などの問題をかかえる国がある。

①アフリカには，独自の言語を持つ多くの民族がいる一方で，植民地支配した国の言語を公用語とする国が多い。

②植民地時代の民族の分布を無視した境界線が国境となっている国では，民族対立による紛争や内戦などが起こることがあり，難民などの問題をかかえている。
→先進国や非政府組織（NGO）がその解決に取り組んでいる。

2 進む都市化と人口増加 ▶ 都市のインフラ整備の後れや，農作物の不作の際の食料不足などが課題となっている。

①農村から都市への移住が進み，首都などの都市に人口が集中している。都市部では，生活環境の悪いスラムが問題となっている。

②情報通信ネットワークの整備は，都市だけでなく農村にも広がっている。人口増加が進む一方で，不作などによる食料不足が起こることもある。

③医療支援を受けている国も多い。

④農地の開発などによる環境問題も深刻となっている。

3 発展への課題 ▶ 地域の課題を解決するアフリカ連合の結成や，外国からの食料や，開発のための支援。

①2002年にアフリカ連合（AU）を結成し，発展に向けた努力をしている。

②欧米の国々や中国，日本による，食料や開発のための援助を受けている。

 トライ 解答例
・紛争や内戦によって発生する難民の問題の解決のための支援を必要としている。
・都市への人口集中によって生じた，生活環境の悪いスラムなどを解消するために，インフラ整備などの支援を必要としている。

 まとめる 解答例

紛争が起こった1994年前後に国民総所得が急激に落ち込み，その後，少し回復したものの低迷していた。その後，ICTの普及によって，2005～2010年ごろ，急速に成長をした。

 チェック 解答例

植民地時代にヨーロッパの国々が，民族の分布を無視して境界線を引いたことです。

第2編 第2章 世界の諸地域

アフリカ州をふり返ろう　　　　　●教科書 p.98

1 ①アトラス（山脈）　　　　　　　⑥ナイル（川）
　②サハラ（砂漠）　　　　　　　　⑦エチオピア（高原）
　③ギニア（湾）　　　　　　　　　⑧ケニア（山）
　④コンゴ（盆地）　　　　　　　　⑨キリマンジャロ（山）
　⑤ビクトリア（湖）　　　　　　　⑩ザンベジ（川）

アフリカ州の学習をまとめよう　　　●教科書 p.98〜99

みんなで チャレンジ　解答例

(3)教科書で挙げられているもの以外の記入例（下線部）

| ・プランテーションで栽培した，少ない種類の農産物の輸出にたよっているため，
・産業の発展は後れているため， | ・植民地時代に，ヨーロッパの国々が，民族の分布を無視して国境線を引いたため，
・国内で民族どうしの言葉が通じないところもあるため， | ・人口は増え続けているが，不順な天候により生産が減ると，食料不足が起こるため，
・都市部は人が集まり，スラムの状態が見られるため， |

| 産業の面での課題があるから， | 民族の面での課題があるから， | 人口の面での課題があるから， |

アフリカには国際的な支援が必要である

アフリカへの具体的な支援策は，

（参考）実際行われているのは次の通りです。
・産業の面では，欧米諸国や日本から経済的な支援を受けている。
・民族の面では，紛争や内戦に対して，非政府組織（NGO）が解決に取り組んでいる。
・人口の面では，世界各国から，食料や開発への援助，インフラや施設の建設などを行っている。

4節 北アメリカ州 ―多くの人々をひきつける地域―

1 北アメリカ州をながめて

●教科書 p.102～103

ここに注目！

1 多様な自然環境
北アメリカは
どのような
自然環境なのかな？

2 多様な人々と文化
北アメリカには
どのような人々が
暮らしているのかな？

3 移動する人々
アメリカを中心として
どのような人の移動が
見られるのかな？

？ 北アメリカ州の自然環境や文化，歴史には，どのような特色が見られるのかな。

1 多様な自然環境
大陸西部と東部の山脈や中部の平原，西インド諸島の島々など多様な自然環境。

①北アメリカ州は，北アメリカ大陸と西インド諸島からなる。
　・大陸部…アメリカ，カナダ，メキシコ，グアテマラ，パナマなど
　・西インド諸島…キューバ，ジャマイカ，ドミニカ共和国など
②アメリカとカナダは，それぞれ日本の約26倍の広さ。
③大陸部は，ロッキー山脈が連なり，ミシシッピ川などの大河が流れ，広大な平原が広がる。
④西インド諸島には，キューバなどの多くの島国がある。

北アメリカ

 読み取る 　解答例

(1)すべての気候帯・気候区が見られる。アメリカ東部には温暖湿潤気候，西部にはステップ気候，カナダには冷帯気候が広く見られる。

(2)アンカレジ…冷帯（亜寒帯）。夏と冬の気温差が大きく，冬の気温が低い。夏に雨が降る。

ロサンゼルス…地中海性気候。年間を通じて温暖で，夏は乾燥し，冬に雨が降る。

ハバナ…熱帯。年間を通じて気温が高く，比較的気温が高いときに雨季，気温が低いときに乾季が見られる。

ニューヨーク…温暖湿潤気候。季節の変化が見られ，夏と冬の気温差が大きい。雨は年間を通じて降る。

⑤北アメリカは赤道に近い地域から北極圏まで広がっており，北に行くほど冷涼である。

⑥大陸の東部は雨が多い一方，西部は雨が少なく，砂漠もある。

⑦大陸南東部のメキシコ湾岸や西インド諸島は，カリブ海で発生したハリケーンで大きな被害を受けることもある。

2 多様な人々と文化 ▶ **先住民，ヨーロッパの移民，開拓時代にアフリカから連れてこられた人々などが暮らす。**

①北アメリカには先住民がいたが，17世紀以降にヨーロッパからの移民が先住民の土地をうばって開拓を進めた。

②アメリカやカナダでは主に英語，そのほかの国・地域では主にスペイン語が使われ，多くの人々がキリスト教を信仰している。

③労働力を補うため，アフリカの人々が奴隷として連れてこられた。
→アメリカやカナダでは世界中から移民を受け入れたため，多様な人々が暮らしている。

3 移動する人々 ▶ **最も大きな経済力を持つアメリカに，仕事を求めて移住する人々。**

①アメリカでは，広大な国土や温暖な気候，水資源を利用した農業や，鉱産資源を利用した工業が発展してきた。

②多くの移民が，農業や工業などの産業の労働力として働いてきた。

③メキシコや，中央アメリカ，西インド諸島の国々からアメリカに移住したヒスパニックとよばれる人々は，アメリカの経済を支えている。

④アメリカの企業は世界各国に進出し，進出先の社会や経済にも大きな影響をあたえている。

⑤アメリカ，カナダ，メキシコの3か国は，北米自由貿易協定（NAFTA）を結ぶなど，経済的なつながりを強めてきた。

> 探究課題 北アメリカ州では，なぜ，アメリカ合衆国への移民が多く見られるのでしょうか。

多くの人が，アメリカに移住しています。

2 巨大な農業生産力と移民

ここに注目！

1 世界の食料庫
アメリカの農業には
どのような特徴が
あるのかな？

2 農牧業に進出する企業経営
農業の発展のために
何が行われて
いるのかな？

3 高い収入を求めて移動する人々
アメリカの
農業労働者は
どんな人かな？

？ 北アメリカの農牧業には，どのような特色があるのかな。

第2編 第2章 世界の諸地域

1 世界の食料庫

適地適作が行われ，効率的な生産方式が取り入れられている。

①北アメリカでは農業が盛んで，特にアメリカではとうもろこしや，小麦，大豆，肉類を世界中に大量に輸出している。
②地域の環境に適した農作物を栽培する，適地適作が行われている。
③センターピボットかんがいやフィードロットなど，効率的な生産方式も開発されている。

2 農牧業に進出する企業経営

企業的な農業が行われ，さまざまな技術の開発が活発に行われている。

①アメリカの農業は家族経営の小規模農場を単位として行われてきた。
②少ない労働力で広い面積を経営する，企業的な農業が行われ，バイオテクノロジーを利用した新種の開発など，技術開発も活発である。
③農業関連企業は，メキシコや中央アメリカなどに進出し，プランテーションや鉄道などを経営。
→地域の社会や経済に大きな影響をあたえた。

3 高い収入を求めて移動する人々

メキシコなどからの移民が農業労働者として重要な役割を果たしている。

①アメリカでは，大規模で企業的な農業が重要になっている。
②メキシコ人を中心に，多くの人々がアメリカに農業労働者として移住している。
③進んだ科学技術を生かしたアメリカの新しい農業の方法は世界中に普及している。

考える　解答例

スプリンクラーによる散水ができる点が利点である一方，地下水の枯渇が問題になっている。

まとめる　解答例

(1)西経100度より西側の山岳地域。

(2)牛の飼料となるとうもろこしの生産地が近いため。

チェック　解答例

・移民

・メキシコ人を中心に，多くの人々がアメリカに移り住み，農業労働者としての重要な役割を果たしています。

トライ　解答例
　アジアではせまい耕地に多くの農業労働者で農業を行うことが多いのに対し，アメリカの企業的な農業では，大規模な農機具や，農薬，化学肥料などを活用して，広い面積の耕地に少ない労働力で農業を行う。

③ 巨大な工業生産力

●教科書 p.106〜107

ここに注目！

1 アメリカの工業の変化
アメリカでは
どのように工業化が
進んだのかな？

2 情報化と新しい工業の発展
工業の立地は
どのように
変化したのかな？

3 低賃金の地域に移動する工業生産
なぜ外国に
工場の移転を
するのかな？

 北アメリカの工業は，どのように発展してきたのかな。

考える 解答例

鉱産資源が豊富で，水上交通を活用できたため。

読み取る 解答例

五大湖周辺がふくまれる北東部のしめる割合が大幅に低下し，サンベルトと重なる南部の占める割合が大きく上昇した。

チェック 解答例

北東部…自動車工業や鉄鋼業などの重化学工業。

南部…ICT産業やバイオテクノロジー，航空宇宙産業などの先端技術産業

---

1 アメリカの工業の変化 ▶ 19世紀以降，鉄鉱石や石炭などの鉱産資源を生かして，重化学工業が発展してきた。

①アメリカは，鉄鉱石や石炭などの豊富な鉱産資源と水上交通を活用して，五大湖周辺のピッツバーグ（鉄鋼業），デトロイト（自動車工業）などで工業が発達。

②20世紀前半には，経済的に最も豊かな国になった。

③20世紀後半になると，アメリカの重化学工業は生産設備の老朽化や労働者の高い賃金などにより，日本やドイツなどの工業国との競争に勝てなくなった。

2 情報化と新しい工業の発展 ▶ 工業の中心地は，五大湖周辺から温暖な気候のサンベルトに移った。

①ICT（情報通信技術）の発達とコンピューターの普及によって，現代のアメリカは，バイオテクノロジーなど，新しい工業の分野で世界をリードするようになった。

②工業の中心地は，ICT関連産業が集中するシリコンバレーなどがある，北緯37度以南のサンベルトとよばれる地域に移った。

3 低賃金の地域に移動する工業生産 ▶ 労働者の賃金が安い地域への工場の移転が見られる。

①低賃金の労働者で安く生産するために，メキシコや中央アメリカ，西インド諸島の国々に工場を移すアメリカの企業もある。

トライ 解答例 アメリカでは，最初に鉱産資源や水運を生かして，五大湖周辺に重化学工業が発達し，ドイツや日本などの重化学工業が台頭してくると，南部でICTなどを活用した先端技術産業が発展した。工場などは，賃金が安い近隣の国への移転が見られる。

4 新しい産業と生活文化

●教科書 p.108〜109

ここに注目！

1 産業の変化と移民
アメリカの産業と移民にはどのような関係があるのかな？

2 新しい生活文化と移民
アメリカではどのような生活文化が生まれてきたのかな？

3 世界をひきつけるアメリカの文化
なぜアメリカには移民が集まるのかな？

？ 北アメリカの文化や企業は，世界にどのような影響をあたえているのかな。

---

1 産業の変化と移民 ▶ 中心となる産業の変化とともに，その産業を支える移民にも変化が見られる。

①アメリカでは，産業の変化とともに移民の役割も変化した。
  ・19世紀末〜20世紀初め…製鉄所や自動車工場の労働者（ヨーロッパ）。
  ・現代…ICT産業などの従事者（アジア）。

2 新しい生活文化と移民 ▶ 自動車中心の生活様式や，さまざまなスポーツや娯楽などを生み出した。

①国土が広大なアメリカでは，便利で快適な生活を送るために自動車中心の社会になった。広大な駐車場を持つ大型ショッピングセンターは生活に欠かせないものとなった。
②通信販売やインターネット販売もアメリカで始まった。
③アメリカでは，野球，バスケットボール，アメリカンフットボールなどのスポーツが生まれた。
④ファストフード，映画，テーマパークなどもアメリカで生まれた。
⑤大量生産・大量消費がアメリカの経済の発展に結び付いている。

3 世界をひきつけるアメリカの文化 ▶ アメリカでの高収入の仕事，生活文化は人々をひきつける要因となっている。

①仕事や高い収入を求めて，メキシコや中央アメリカ，西インド諸島の国々から，アメリカに移住する人々が多い。
②アメリカで生まれたさまざまな生活文化も世界中の人々をひきつける要因となっている。

わたしたちの生活の中にも，アメリカで生まれた生活文化が多く見られます。

読み取る 解答例

略

見方・考え方 解答例

(1)南部の州にヒスパニックが多い。

(2)南部はメキシコや西インド諸島が近く，ヒスパニックの移民が多い。

チェック 解答例

・映画を見る。

・部活動でバスケットボールをやっている。

・ファストフードを食べる。

トライ 解答例

研究や仕事のためにアメリカに移住する人が多く，その人たちが帰国したときなどにアメリカの文化を持ち込むため。

第2編 第2章 世界の諸地域

北アメリカ州をふり返ろう

●教科書 p.112

1 ①ロッキー（山脈）
②太平（洋）
③メキシコ（湾）
④カリブ（海）
⑤五大（湖）

⑥中央（平原）
⑦大西（洋）
⑧ミシシッピ（川）
⑨フロリダ（半島）
⑩西インド（諸島）

北アメリカ州の学習をまとめよう

●教科書 p.112〜113

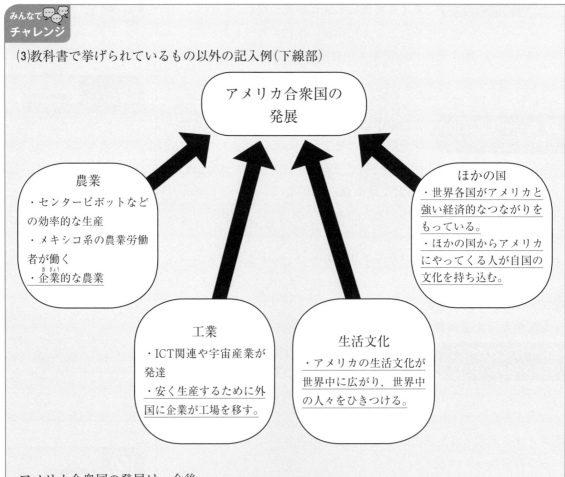

みんなで
チャレンジ

(3)教科書で挙げられているもの以外の記入例（下線部）

アメリカ合衆国の発展

農業
・センターピボットなどの効率的な生産
・メキシコ系の農業労働者が働く
・企業的な農業

工業
・ICT関連や宇宙産業が発達
・安く生産するために外国に企業が工場を移す。

生活文化
・アメリカの生活文化が世界中に広がり，世界中の人々をひきつける。

ほかの国
・世界各国がアメリカと強い経済的なつながりをもっている。
・ほかの国からアメリカにやってくる人が自国の文化を持ち込む。

アメリカ合衆国の発展は，今後…

・ICT関連の産業は今後，世界中より求められていくと予想されるため，この分野が発達しているアメリカは今後も発展していくと考えられる。　など

5節 南アメリカ州 ―開発の進展と環境問題―

1 南アメリカ州をながめて

●教科書 p.116〜117

ここに注目！

1 南北に長い大陸
南アメリカには
どのような自然環境が
見られるのかな？

2 混じり合う人々と文化
南アメリカでは
どのようにして文化が
生まれたのかな？

3 経済の発展
産業の発展は
どのような影響を
およぼしているのかな？

？ 南アメリカ州の自然環境や歴史，産業には，どのような特色が見られるのかな。

1 南北に長い大陸
大陸の西部にはアンデス山脈，熱帯地域には広大な森林が広がる。

①南アメリカ州は南北に長い。

②西部には標高6000mをこえるアンデス山脈が連なる。その東にはアマゾン川などの大河が流れ，パンパとよばれる平原が広がる。

③北部にはギニア高地，東部にはブラジル高原が広がる。

④北部の赤道周辺は高温で雨が多く，森林が広がる。

⑤南に行くにしたがって気温が下がり，雨も少なくなり，草原が広がる。

⑥アンデス山脈では，標高によって気候や見られる植物が異なる。

2 混じり合う人々と文化
古くからの先住民の文化に，ヨーロッパやアフリカなどの文化が混じり合う。

①南アメリカには，古くから先住民が生活しており，インカ帝国のような高度な文明が発展した。

②16世紀には，スペイン人やポルトガル人といったヨーロッパ人が，先住民の国や社会をほろぼして，スペイン語やポルトガル語，キリスト教を広めた。

③ヨーロッパ人は，アフリカの人々を奴隷として連れてきた。

Q なぜヨーロッパ人はアフリカの人々を奴隷として連れてきたのかな？
A プランテーションの労働力とするため。

④先住民やヨーロッパ人，アフリカの人々の間で混血が進み，それぞれの文化が混じり合った新しい文化も生まれた。

読み取る 解答例

(1)寒帯の氷雪気候以外が見られる。赤道周辺に熱帯雨林気候，その外側にサバナ気候，南部に温帯，さらに南にステップ気候，砂漠気候が見られる。西岸に沿って，高山気候が広がる。

(2)リマ…砂漠気候
気温は一年中温暖で，降水量はほとんどない。

ラパス…高山気候
緯度のわりに気温が低く，一年中ほぼ一定。また，雨季と乾季がはっきりしている。

マナオス…熱帯雨林気候
年中高温で年間を通して降水量が見られるが，弱い乾季がある。

ブエノスアイレス…温暖湿潤気候
温暖で季節によって気温の変化が見られる。降水は年間を通して見られる。

農作物
・じゃがいもやとうもろこし
・コーヒー，大豆，バナナなどの輸出用の商品作物や，砂糖やバイオエタノールを生産するためのさとうきび

鉱産資源
・鉄鉱石や銅鉱石，石油，レアメタル

⑤20世紀にはいると，多くの日本人が南アメリカに移住し，日本の文化を持ちこんだ。

❸ 経済の発展　　農業や鉱工業の発展の一方，森林減少などの環境問題が生じている。

①南アメリカでは農業が盛（さか）んで，先住民の技術を使ってじゃがいもやとうもろこしなどが栽培（さいばい）されてきた。

②20世紀後半からは，大規模で企業的（きぎょう）な農業が発展し，コーヒー，大豆，バナナなどの輸出用の商品作物や，砂糖やバイオエタノールを生産するためのさとうきびが栽培されている。

③鉄鉱石や銅鉱石，石油，レアメタルなどの鉱産資源が豊富で，各国は鉱産資源の開発と工業化を進めている。

　→特にブラジルでは工業化が進んでおり，自動車や航空機の製造が盛んである。

④南アメリカでは，農業や鉱業の発展の一方で，森林の減少などの環境（かん）（きょう）問題も起こっている。

鉱産資源や大規模な農地の開発のために，森林が切り開かれているから。

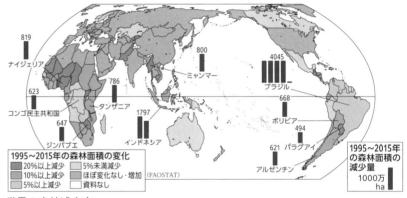

世界の森林減少率

探究課題　南アメリカ州では，なぜ森林が減少しているのでしょうか。

農業や鉱業の発展のうらで，環境問題も起こっています。

2 自然環境と共生する生活

1 アマゾン川とともに生活する人々
アマゾン川と人々の生活はどのようにかかわっているのかな？

2 森林を守る農業
なぜ焼畑農業を続けることができるのかな？

? アマゾン川流域で，人々はどのように生活しているのかな。

---

1 アマゾン川とともに生活する人々 アマゾン川の水運や漁業資源を生かした生活。

①南アメリカの人々は，自然をうまく利用しながら生活している。

②アマゾン川は，大型船が上流までさかのぼれるため，都市と都市とを結ぶ主要な交通路となっている。

③アマゾン川周辺では，漁業が重要な産業となっており，水位の低い時期に盛んである。

④川岸は，毎年起こる洪水によって土地が肥えているため，いもやとうもろこしが栽培されている。

2 森林を守る農業 作物の栽培と森林の再生をくり返しながら，農業を行っている。

①アマゾン川流域には熱帯林が広がり，人々はこの森林を利用しながら生活してきた。

畑を造るサイクル

> 雨季の終わりに木を切りたおす → 火をつけて燃やし，肥料にする → バナナやいもなどの作物を栽培する → 何年か作物の栽培を繰り返す → 土地がやせる前に栽培をやめて，別の場所の木を切りたおす → 火をつけて燃やし，肥料にする → ……

②栽培をやめた畑は，時間をかけてゆっくり森林にもどる。アマゾン川流域では，このような焼畑農業を続けることで，森林を守ってきた。

読み取る 解答例

略

考える 解答例

(1)さまざまな高さの植物が見られる。

(2)さまざまな高さの樹木からなる熱帯の自然の森林のように，多様な特性をもった作物を栽培することで，病害虫などが発生したときでも，全滅する可能性が低くなる。

チェック 解答例

・多くの種類の魚
・バナナ，いも，とうもろこし，豆

トライ 解答例

アマゾン川流域で行われる焼畑農業は，何年かおきに移動をしながら行うため，森林の伐採と再生をくり返しながら続けることができる。

③ 開発の進行と影響

ここに注目！

1 世界を支える農牧業
農牧業には
どのような特色が
あるのかな？

2 世界を支える鉱産資源
鉱産資源は
どのように開発されて
きたのかな？

3 持続可能な開発に向けて
開発による課題の解決の
ために何が求められて
いるのかな？

？ 南アメリカで行われているさまざまな開発は，どのような影響をあたえているのかな。

考える 解答例

森林の中に直線状に道路が造られ，それに沿って農地や住宅地が造られているため。

まとめる 解答例

再生可能で，地球温暖化への影響が少ないと考えられているため，環境にやさしいエネルギーとして注目されている。

チェック 解答例

・大規模な開発は，政府の補助を受けた大企業や，アメリカや日本などの外国の企業が，巨額の資金と進んだ技術を使って行っています。

・日本は多くの鉄鉱石や銅鉱石を南アメリカから輸入しています。

---

1 世界を支える農牧業 補助を受けた大企業等が開発した大規模な農地で輸出向けの農作物が栽培されている。

①南アメリカの国々にとって，<u>コーヒー豆</u>や<u>大豆</u>，食肉，砂糖，<u>バイオエタノール</u>などの農作物やその加工品は重要な<u>輸出品</u>となっている。

②1970年代からアマゾン川流域では，大企業などが，大規模に<u>森林</u>を切りひらき，<u>牧場</u>や大豆やさとうきびの畑が造られている。

2 世界を支える鉱産資源 政府を中心として鉱産資源が開発され，それらの輸出によって経済を発展させてきた。

①南アメリカは，石油や銅鉱石，<u>鉄鉱石</u>，<u>ボーキサイト</u>などの鉱産資源の<u>輸出</u>で経済を発展させてきた。

②アマゾン川流域では，鉱産資源の開発も行われてきた。日本は多くの<u>鉄鉱石</u>や<u>銅鉱石</u>を輸入している。

3 持続可能な開発に向けて 自然環境を守り，経済の発展と両立させる，持続可能な開発が求められている。

①大規模な農地や鉱産資源の開発は，多くの問題を引き起こしている。

Q 熱帯林の開発はどのような問題や課題をもたらしているか？
A 連作障害，生物多様性の喪失，鉱産資源の枯渇。

②バイオエタノールは<u>再生可能エネルギー</u>として注目される一方，さとうきびの栽培のために森林が<u>破壊</u>されていることが問題になっている。

③自然環境保護と<u>経済</u>発展を両立させる，<u>持続可能</u>な開発が必要。

トライ 解答例 これからの南アメリカは，将来にわたって現在の自然環境を維持しつつ，より豊かな社会を目指して経済の発展に取り組んでいくことが重要である。

南アメリカ州をふり返ろう

●教科書 p.124

1 ①パナマ（地峡）

②ガラパゴス（諸島）

③アンデス（山脈）

④チチカカ（湖）

⑤パンパ

⑥ギアナ（高地）

⑦アマゾン（川）

⑧ブラジル（高原）

⑨ラプラタ（川）

⑩マゼラン（海峡）

南アメリカ州の学習をまとめよう

●教科書 p.124～125

みんなで
チャレンジ

(4)まとめの例

南アメリカ州の開発を持続可能にするには…

・南アメリカでは，鉱産資源の開発やバイオエタノールの生産などは，環境の破壊を引き起こすことにつながるため，経済の発展とともに，自然環境を守っていくことを両立していくことが求められる。

経済の発展と，自然環境を守っていくこととの両立が求められています。

第2編 第2章 世界の諸地域

オセアニア州 —強まるアジアとの結び付き—

オセアニア州をながめて

●教科書 p.128〜129

ここに注目！

1 「乾燥大陸」と多くの島々

オセアニア州はどのように構成されているのかな？

2 オセアニアの文化

オセアニア州にはどのような先住民がいるのかな？

3 強まるアジアとの結び付き

他の地域の関係はどのように変わったのかな？

? オセアニアの自然環境や文化には，どのような特色が見られるのかな。

読み取る　解答例

(1)熱帯の熱帯雨林気候やサバナ気候，乾燥帯のステップ気候，砂漠気候，温帯の地中海性気候，温暖湿潤気候，西岸海洋性気候，高山気候が見られる。

(2)パース…地中海性気候　温暖で季節の変化が見られ，夏は乾燥し，冬は雨が降る。

シドニー…温暖湿潤気候　温暖で季節の変化が見られ，一年を通して雨が降る。

オークランド…西岸海洋性気候　温暖で季節の変化が見られるが，夏でもそれほど気温が上がらない，一年を通して雨が降る。

フナフティ…熱帯雨林気候　一年中気温が高く，雨も多い。

---

1 「乾燥大陸」と多くの島々

オーストラリア大陸とニュージーランドなどの太平洋に広がる島々からなる。

①オーストラリア大陸と，太平洋に広がる島々とで構成される。

②オーストラリア

・火山や大きな地震がない安定した土地。

・大陸の3分の2は，年間降水量500mm以下の，草原や砂漠が広がる人口の少ない地域で，「乾燥大陸」と呼ばれる。

・大陸の東部や南西部は温帯で農業が盛ん。

・大陸の北部は熱帯が広がる。

③ニュージーランド

・日本と同じ火山や地震が多い地域。

・温帯で，農業が盛ん。

④パプアニューギニア

・火山や地震が多い地域。

・大部分は熱帯で，高温で雨が多く，熱帯雨林が広がる。

・ポリネシア，ミクロネシア，メラネシアの島々

・火山の噴火でできた火山島やさんご礁の島が多い。

・タヒチ島やハワイ諸島などは，土地が肥えており，植物がよく育つ。

・さんご礁の島は，土地が少なく，水が得にくいため農業に向かない。

・さんご礁の島は沿岸の海が浅いため，大型船が入れる港が造りにくく，交通や貿易に不便である。

❷ オセアニアの文化

オーストラリアのアボリジニやニュージーランドのマオリなど独自の文化をもつ先住民。

①オセアニアの先住民の祖先は，<u>ユーラシア</u>大陸からわたってきたと考えられている。

　　・オーストラリアの先住民…<u>アボリジニ</u>

　　・ニュージーランドの先住民…<u>マオリ</u>

②ミクロネシアの楽器の中には，東南アジア諸国にも似たものが見られるものがある。

③伝統的な信仰を守ってきた先住民の社会は，18世紀から進出してきたヨーロッパ人の同化政策によって変えられ，<u>キリスト</u>教徒が多くなった。

④現在は，<u>アボリジニ</u>やマオリの芸術や踊りなどの文化が尊重されている。

チェック 　解答例

　伝統的な信仰を守ってきた先住民の社会は，18世紀から進出してきたヨーロッパ人の同化政策によって変えられ，キリスト教徒が多くなりました。

❸ 強まるアジアとの結び付き

歴史的に関係の深いイギリスから，中国や日本などアジアとの結び付きが強くなる。

①以前はイギリスの<u>植民地</u>であったオーストラリアやニュージーランドは，イギリス人が開発を進めた。

②農作物の多くはイギリスに<u>輸出</u>され，最大の<u>貿易</u>相手国であった。

③近年は，アジアや太平洋諸国との貿易が増え，現在では<u>中国</u>が最大の貿易相手国になっている。

④貿易相手国の上位5か国の変化

　1960年…①イギリス②アメリカ③日本④西ドイツ⑤フランス

　2017年…①<u>中国</u>②<u>日本</u>③<u>アメリカ</u>④<u>韓国</u>⑤インド

トライ 　解答例

　アジアの国々の経済発展にともない，貿易(や国際的な協力関係)などにおいて，距離の近いアジアとのかかわりが多くなったため。

探究課題 オセアニア州では，なぜアジアとの結び付きが強くなってきたのでしょうか。

オセアニアでは，先住民たちの文化が尊重された社会が築かれています。

② 貿易を通じた他地域とのつながり

ここに注目！

1 農産物の輸出大国
オーストラリアではどのような農業が盛んなのかな？

2 豊富な鉱物資源の輸出
オーストラリアではどのような鉱産資源がとれるのかな？

3 アジアとの経済的な結び付き
ほかの地域との結び付きはどう変化したのかな？

4 観光客をひきつけるオセアニア
オセアニアにはどのような観光地があるのかな？

？ オセアニアは，ほかの地域とどのように結び付いているのかな。

読み取る 解答例

鉱山のとなりにならんでいる住宅の大きさから，2〜3kmほどの大きさがあると考えられる。

見方・考え方 解答例

降水量が比較的多い東海岸から南東部にかけてと南西部では酪農や小麦の栽培が行われており，その内側では牧羊，北部と中東部では牧牛が行われている。中西部の降水量が少ない地域では農業は行われていない。

チェック 解答例

農産物…小麦，羊，牛

鉱産資源…石炭，鉄鉱石，金，銅，ボーキサイト，ウラン

---

1 農産物の輸出大国
羊や牛の牧畜，小麦の栽培が盛んに行われており，多くの農畜産物が輸出されている。

①オーストラリアの東部や南西部では，羊の牧畜と小麦などの栽培とを組み合わせた農業，北東部では牛の飼育などが行われている。

2 豊富な鉱物資源の輸出
質の良い豊富な石炭や鉄鉱石が，大規模に採掘され，重要な輸出品となっている。

①オーストラリアでは，東部の石炭，北西部の鉄鉱石をはじめ，金や銅，ボーキサイト，ウランの鉱山が各地に分布。

②鉱山は内陸部に多く，鉱山の近くには町が造られ，港との間に貨物用の鉄道が建設されている。

3 アジアとの経済的な結び付き
アジアとの関係を重視するようになり，貿易などの経済的な結び付きが強くなった。

①1970年代以降，オーストラリアは距離の近いアジアとの関係を重視するようになった。

②1989年にはAPEC（アジア太平洋経済協力）を結成した。日本，中国，韓国などに多くの資源を輸出するようになった。

4 観光客をひきつけるオセアニア
ゴールドコーストやサンゴ礁など，特色ある自然を求めて，多くの観光客が訪れている。

①オーストラリアのゴールドコーストやニュージーランドのサザンアルプス，タヒチやニューカレドニアなどの島々のさんご礁などの自然や伝統文化などは世界各地の観光客をひきつけている。

トライ 解答例
1970年代までは，過去にオーストラリアを植民地支配していたイギリスとの結びつきが強かったが，日本や中国，韓国などへの鉱産資源の輸出が増えるにともない，アジア諸国との結びつきが強くなった。

③ 人々による他地域とのつながり

1 植民地化による影響

オセアニア州の国々にはどのような歴史的背景があるのかな？

2 白豪主義からの転換

なぜ，オーストラリアは白豪主義をやめたのかな？

3 多文化社会を目指して

多文化社会を築くためにどのようなことをしているのかな？

? オセアニアのほかの地域との結び付きは，どのように変化しているのかな。

1 植民地化による影響 ▶ 欧米諸国からの植民地支配を受け，現在も欧米の領土が残っている。

① 18～20世紀にかけて，オセアニアは欧米諸国の植民地になった。

② イギリスから独立したオーストラリアやニュージーランド，サモア，フィジーなどは，国旗にイギリスの国旗(ユニオンジャック)が入っていたり，英語が公用語になっていたりする。

③ 現在でも，フランス領のタヒチ島やアメリカ領のグアム島などがある。

2 白豪主義からの転換 ▶ 移民労働者が必要なため，ヨーロッパ以外からの移民を積極的に受け入れた。

① オーストラリアは，イギリスからの移民が中心であったが，中国系の移民が増加。

→イギリス系移民との対立が起こった。

② アジア系移民を制限する白豪主義が採られたが，1979年に白豪主義を廃止した。

3 多文化社会を目指して ▶ 先住民の権利を尊重するなど，人々の共存，文化の尊重に取り組んでいる。

① 白豪主義の廃止。

→アジアからの移民が増えた。

② 華人とよばれる中国をルーツに持つ多くの人々がオーストラリアに移住し，シドニーやメルボルンなどの大都市にはチャイナタウン(中国人街)がある。

③ 近年，アボリジニの人々の先住民としての権利が尊重されるようになった。

→オーストラリアでは多文化社会を築く取り組みをしている。

 読み取る 解答例

1981年以降，ヨーロッパ州以外からの移民の割合が増え，特にアジア州からの移民の割合が大きく伸びている。

 集める 解答例

牛肉など

 チェック 解答例

国づくりには多くの移民労働者が必要だったため

 トライ 解答例

社会がさまざまな文化を持つ人々によって成り立っていることを理解し，それぞれの文化や権利を尊重し，共存を目指していくこと。

第2編 第2章 世界の諸地域

オセアニア州をふり返ろう ●教科書 p.136

1 ① ミクロネシア

② メラネシア

③ グレートバリアリーフ

④ ウルル(エアーズロック)

⑤ グレートビクトリア(砂漠)

⑥ 大鑽井(盆地)

⑦ グレートディバイディング(山脈)

⑧ ニューギニア(島)

⑨ タヒチ(島)

⑩ ポリネシア

2編2章の学習を確認しよう ●教科書 p.138

1 ❶ **植民地**：他国によって政治や経済など，さまざまな面で支配される地域のこと。19世紀ごろから，特に欧米の国々がアフリカなどの各地を植民地にした。

❷ **プランテーション**：主に熱帯の地域に見られる大規模な農園。マレーシアやインドネシアなどでは，植民地時代に天然ゴムやコーヒーなどの商品作物を栽培するプランテーションが造られた。

❸ **経済特区**：中国が1979年以降に海外の資本や技術を導入するために開放した地域のこと。この地域には多くの外国の企業が受け入れられた。

❹ **スラム**：都市部に見られる，生活環境の悪い過密化した住宅地。

❺ **石油輸出国機構(OPEC)**：産油国で設立された組織。

❻ **レアメタル**：希少金属。地球上に存在する量が少ない，あるいは金属として取り出すのが難しいものを指す。

❼ **EU(ヨーロッパ連合)**：ヨーロッパで，各国の政治的・経済的な統合を目的に設立された。2020年現在，加盟国は27か国。

❽ **経済格差**：経済的な格差。EU加盟国の間でも経済格差の広がりが問題となっている。

❾ **移民**：自国とは異なる国に移り住む人。

❿ **焼畑農業**：樹木をきりはらい，それを燃やした灰を肥料として利用し，数年で別の場所に移動しながら行う農業。

⓫ **モノカルチャー経済**：限られた特定の作物や資源を生産・輸出して成り立つ経済。

⓬ **先住民**：地域に古くから暮らす民族。

⓭ **企業的な農業**：広大な農場で，大型機械を使って行われる農業。

⓮ **白豪主義**：かつてオーストラリアが採った，ヨーロッパ系以外の移民を制限する政策。

⓯ **多文化社会**：文化の異なる人々が，対等な関係を築きながら社会参加できる国や地域。

2 (1)ア：EU　イ：石油輸出国機構(OPEC)

ウ：経済特区　エ：白豪主義

オ：多文化社会

(2)①：経済格差　②：焼畑農業

③：植民地　④：プランテーション

⑤：モノカルチャー経済　⑥：スラム

⑦：レアメタル　⑧：移民

⑨：先住民

3

上から，

・外国企業の受け入れ

・経済や政治

・産業の発展の後れ

・世界中の移民を受け入れた

・主要な輸出品を栽培するために大規模な土地の開発が進められている

・距離の近いアジア諸国との関係を重視し，APECなどで経済協力を進めている

❶ アジア州について，次の問いに答えなさい。

(1) 地図中の**A・B**の山脈や高原
の名前を，それぞれ答えなさい。

(2) 地図中の**a～e**の川の名前を，
それぞれ答えなさい。

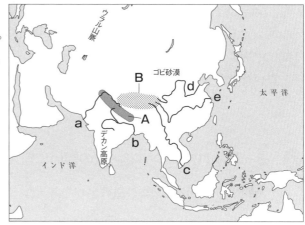

(3) 工業化が進展し，欧米諸国や日本にせんい製品や電子部品などを輸出することで発
展をとげた，主に東アジアの国や地域をまとめて何とよぶか，答えなさい。

(4) (3)に当てはまる国や地域を，次の語群から全て選びなさい。
〔語群〕 韓国　モンゴル　台湾　北朝鮮　中国　ホンコン　シンガポール

(5) 東南アジアの国々が，主に経済の発展のために設立した組織を何というか，答えな
さい。

❶ 解答

(1) A：ヒマラヤ山脈
　　B：チベット高原
(2) a：インダス川
　　b：ガンジス川
　　c：メコン川
　　d：黄河(ホワンホー)
　　e：長江(チャンチアン)
(3) アジアNIES(新興工業
　　経済地域)
(4) 韓国，台湾，ホンコン，
　　シンガポール(順不同)
(5) 東南アジア諸国連合
　　(ASEAN)

ココがポイント！

(1) Aはヒマラヤ山脈，Bはチベット高原。この二つは「世
界の屋根」とよばれる。
(2) aはパキスタンを流れるインダス川，bはインド東部を
流れるガンジス川，cは主にタイを流れるメコン川，dは
中国北部を流れる黄河(ホワンホー)，eは中国南部を流れ
る長江(チャンチアン)である。
(3) アジアNIES，または新興工業経済地域とよばれる。
(4) アジアNIESには，韓国，台湾，ホンコン，シンガポー
ルの四つの国と地域が当てはまる。
(5) 東南アジア諸国連合(ASEAN)。10か国が加盟している。

(6) 次の文中の（　①　）〜（　③　）に当てはまる語句を答えなさい。

　　東南アジアは（　①　）の影響で降水量が多い。稲作が盛んで，１年に２回米を収穫する（　②　）も行われている。植民地時代に造られた天然ゴムやコーヒーなどを栽培するための（　③　）とよばれる大農園は，現在は現地の人々が経営している。

(7) 次の文中の（　　）内のうち，正しいほうの語句を選びなさい。

　　西アジアは①（　石炭　　石油　）の産出量が多く，輸出量の多い国々は②（　ASEAN　　OPEC　）を結成して，強く結び付いている。

(8) 中央アジアで産出量が多く，半導体などの先端技術産業で用いられる，存在量の少ない資源を何というか，答えなさい。

❷　ヨーロッパ州について，次の問いに答えなさい。

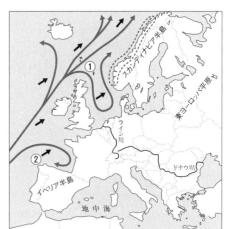

(1) 地図中の①の海流と②の風の名前を答えなさい。

(2) ヨーロッパ州の気候は，地図中の①・②によってどのような影響を受けていますか。次のア〜ウから当てはまるものを選び，記号で答えなさい。

　　ア　全体的に日本より低緯度で温暖である。
　　イ　全体的に日本より高緯度で冷涼である。
　　ウ　全体的に日本より高緯度だが温暖である。

(3) 地図中の⬭⬭⬭⬭の地域に見られる，氷河にけずられた奥行きのある湾を何というか，答えなさい。

(4) ヨーロッパ州について農業を説明した次の文中の（　①　）〜（　③　）に当てはまる語句を，それぞれ答えなさい。

　　地中海周辺では，（　①　）やオレンジ，ぶどうなどの果実と小麦などを栽培する地中海式農業が，北西部や東部では，小麦などの穀物栽培と豚や牛などの家畜の飼育を組み合わせた（　②　）が，北部やアルプス山脈では，（　③　）が行われている。

(5) 次の文中の（　　）に当てはまる語句を漢字４字で答えなさい。

　　EUに加盟している国の間では，一人あたりの国民総所得に大きな開きがあるなど，（　　）が課題の一つである。

(6) ①：季節風(モンスーン)
　　②：二期作
　　③：プランテーション
(7) ①：石油
　　②：OPEC
(8) 希少金属(レアメタル)

(6)　熱帯の東南アジアは季節風(モンスーン)の影響で降水量が多く，稲作が盛ん。二期作も行われている。プランテーションでは，現在アブラやしも栽培されている。
(7)　西アジアは石油の産出量が多く，西アジア以外の輸出国もふくめ，主な輸出国はOPEC^{オペック}(石油輸出国機構)を結成。
(8)　この輸出で経済が成長している国では，都市の発展が見られる。

❷ 解答

ココがポイント！

(1) ①：北大西洋海流
　　②：偏西風
(2) ウ
(3) フィヨルド
(4) ①：オリーブ
　　②：混合農業
　　②：酪農
(5) 経済格差

(1)　①は暖流の北大西洋海流，②はその上をふく偏西風^{へんせいふう}。
(2)　ヨーロッパ州は，北大西洋海流と偏西風の影響で，日本よりも全体的に高緯度に位置するか温暖である。正解はウ。
(3)　ノルウェーの北部に見られるフィヨルドとよばれる地形。
(4)　地中海沿岸ではオリーブやオレンジ，ぶどうなどの果実を栽培。北西部や東部では穀物栽培と家畜の飼育の混合農業，北部やアルプス山脈では酪農^{らくのう}が行われている。
(5)　「国民総所得に大きな開き」から，経済格差が正解。

❸ アフリカ州について，次の問いに答えなさい。

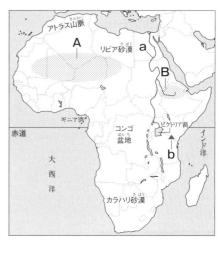

(1) 地図中のAの砂漠とBの高原の名前を答えな
さい。

(2) aの川とbの山の名前を，答えなさい。

(3) 地図中のアフリカ州の気候の説明として正し
いものを，次のア～ウから選び，記号で答えな
さい。

ア　赤道付近の熱帯から南・北に遠ざかるにつ
れ，乾燥帯・温帯と移る。

イ　赤道付近の熱帯から南・北に遠ざかるにつ
れ，温帯・寒帯と移る。

ウ　北部・南部の乾燥帯から赤道付近に向かう
につれ，温帯・熱帯と移る。

(4) アフリカの歴史を説明した次の文中の（　①　）～（　③　）に当てはまる語句を答え
なさい。

16世紀以降，多くの人々が（　①　）として南・北アメリカに連れていかれた。19世
紀までにほとんどがヨーロッパ諸国の（　②　）となったが，1950年代以降，次々に独
立した。現在でも，（②)時代の本国の言語を（　③　）としている国も多い。

(5) 次の文中の（　①　）～（　③　）に当てはまる語句を答えなさい。

アフリカの多くの国では，特定の（　①　）や鉱産資源を輸出することで経済が成り
立っている。これを（　②　）という。これらの輸出品は天候や景気で価格が大きく
（　③　）するので，安定性に欠けるという問題点がある。

地図1

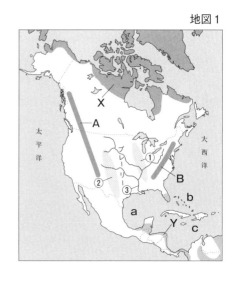

❹ 北アメリカ州について，次の問いに
答えなさい。

(1) 地図1のA・Bの山脈の名前を答えなさ
い。

(2) 地図1の①・②の地形の名前と，③の川
の名前を，それぞれ答えなさい。

(3) 地図1のaの湾，bの諸島，cの海の名
前を，それぞれ答えなさい。

(4) 地図1のXとYの地域は，それぞれ何と
いう気候帯にふくまれるか，答えなさい。

❸ 解答

(1) A：サハラ砂漠
 B：エチオピア高原
(2) a：ナイル川
 b：キリマンジャロ山
(3) ア
(4) ①：奴隷
 ②：植民地
 ③：公用語
(5) ①：商品作物(農作物)
 ②：モノカルチャー経済
 ③：変動(変化)

ココがポイント！

(1) Aは世界最大のサハラ砂漠，Bはアフリカ大陸の東部に広がるエチオピア高原。
(2) aはナイル川，bはアフリカでもっとも標高が高いキリマンジャロ山。
(3) アフリカは赤道付近の熱帯から南・北に遠ざかるにつれ，乾燥帯・温帯へと移る。したがって，アが正解。アフリカに寒帯はなく，乾燥帯は温帯と熱帯の間にある。
(4) アフリカからは多くの人々が奴隷（どれい）として連れていかれた。ヨーロッパ諸国の植民地となり，その後独立を果たしたが，今でも植民地時代の本国の言語を公用語とする国もある。
(5) 少ない種類の商品作物(農産物)や鉱産資源の輸出で成り立つモノカルチャー経済。これらの輸出品は天候や景気で価格が大きく変動するため，経済は不安定である。

❹ 解答

(1) A：ロッキー山脈
 B：アパラチア山脈
(2) ①：中央平原
 ②：グレートプレーンズ
 ③：ミシシッピ川
(3) a：メキシコ湾
 b：西インド諸島
 c：カリブ海
(4) X：寒帯
 Y：熱帯

ココがポイント！

(1) Aは環太平洋造山帯（かん）にふくまれるロッキー山脈，Bはアパラチア山脈。いずれも，重要語句としておぼえておこう。
(2) ①は中央平原，②はグレートプレーンズ，③はミシシッピ川。いずれも，重要語句としておぼえておこう。
(3) aはメキシコ湾，bは西インド諸島，cはカリブ海。湾や海の名前をまちがえないようにおぼえておこう。
(4) Xは寒帯，Yは熱帯。北アメリカ州は寒帯から熱帯まで，全ての気候帯が見られる。

(5) 地図2はカナダ・アメリカの農業地域を表しています。①～④に当てはまる語句を答えなさい。

(6) 地図2の**X**に当てはまる経度を答えなさい。

(7) 主に北緯37度以南の地域に広がり，IT産業などが発達した地域を何といいますか。

(8) スペイン語を話すメキシコや中央アメリカなどからの移民を何とよぶか，答えなさい。

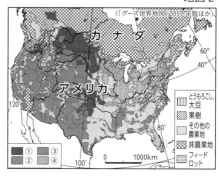

地図2

（「グーズ世界地図」2017年版ほか）

とうもろこし，大豆
果樹
その他の農業地
非農業地
フィードロット

①　③
②　④

0　　1000km

❺ 南アメリカ州について，次の問いに答えなさい。

(1) 地図中の**A**・**B**の川と，**C**の高原の名前を答えなさい。

(2) 地図中の**a**の山脈の名前を答えなさい。

(3) 地図中の**b**に広がる草原の名前を答えなさい。

(4) 南アメリカ州の産業について，次の文中の（　①　）～（　④　）に当てはまる語句を答えなさい。

　（　①　）は南アメリカで最も工業化が進んだ国である。自動車や航空機のほか，（　②　）とよばれるアルコール燃料の製造も盛んである。アマゾン川流域では開発が進むが，森林を焼きはらって，その灰を肥料として移動しながら耕作する（　③　）も行われる。今後は，経済発展と環境保護を両立させる（　④　）な開発が求められている。

リャノ
ギアナ高地
A　C
カンポ
太平洋
a
B
b
大西洋

❻ オセアニア州について，次の問いに答えなさい。

(1) 地図中のオーストラリア大陸以外のオセアニアを地域区分したとき，**A**～**C**の地域名を答えなさい。

(2) 　　　　に広がっている地形を，次の語群から選びなさい。
〔語群〕 平野　　台地　　砂漠

(3) オセアニアの島々は，大きく二つの種類からなっています。一つは火山の噴火でできた火山島ですが，もう一つは何か，答えなさい。

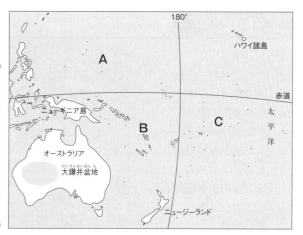

180°
ハワイ諸島
A
赤道
ニューギニア島
B　　　C
太平洋
オーストラリア
大鑽井盆地
ニュージーランド

(4) オーストラリアの輸出額の第1位・第2位である鉱産資源を答えなさい。

(5) 次の文中の（　①　）～（　③　）に当てはまる語句を答えなさい。

　オーストラリアはかつて（　①　）を採り，（　②　）系以外の移民を制限していた。現在は中国や東南アジア諸国からの移民も受け入れ，（　③　）を築こうとしている。

(5) ①：小麦
　　②：放牧
　　③：綿花
　　④：酪農
(6) 西経100度
(7) サンベルト
(8) ヒスパニック

(5) ①は小麦，②は山岳地域での放牧，③は主に南部での綿花，④は五大湖周辺での酪農。
(6) 西経100度。この線を境に，東は降水量が多く，西は少ない。
(7) 温暖な地域に広がるサンベルト。
(8) ヒスパニックとよばれ，メキシコとの国境に近い州や南部の州に多く住む。アメリカの貴重な労働力となっている。

❺ 解答

(1) A：アマゾン川
　　B：ラプラタ川
　　C：ブラジル高原
(2) アンデス山脈
(3) パンパ
(4) ①：ブラジル
　　②：バイオエタノール
　　③：焼畑農業
　　④：持続可能

ココがポイント！

(1) Aはアマゾン川で，赤道付近の森林の中を流れる。Bは南部を流れるラプラタ川，Cは東部に広がるブラジル高原。
(2) aは，環太平洋造山帯にふくまれるアンデス山脈。
(3) アルゼンチンに広がるパンパとよばれる温帯草原。
(4) 南アメリカで最も工業化が進んだ国はブラジル。アルコール燃料はバイオエタノール。アマゾン川流域で森林を焼きはらって，その灰を肥料として移動しながら行うのは焼畑農業。今後求められるのは持続可能な開発である。

❻ 解答

(1) A：ミクロネシア
　　B：メラネシア
　　C：ポリネシア
(2) 砂漠
(3) さんご礁
(4) 鉄鉱石・石炭
(5) ①：白豪主義
　　②：ヨーロッパ(白人)
　　③：多文化社会

ココがポイント！

(1) Aはミクロネシア，Bはメラネシア，Cはポリネシア。
(2) ░░░░には砂漠が広がっている。
(3) さんごという動物の骨や死骸が積み重なってできた，さんご礁からできた島である。
(4) 鉄鉱石(第1位)と石炭(第2位)である。
(5) 白豪主義でヨーロッパ(白人)系以外の移民を制限したが，現在は文化の異なる人々が平等に社会参加できる多文化社会を築こうとしている。

1章 地域調査の手法

1 調査の準備

●教科書 p.142〜143

ここに注目！

1 身近な地域の情報を集めよう
どのように
情報を集めると
よいのかな？

2 調査するテーマを話し合おう
どのような
話し合いをすると
よいのかな？

3 仮説と調査計画を立てよう
テーマが
決まったら何を
するとよいのかな？

？ 身近な地域を調べるためには，どのような準備をしたらよいのかな。

スキル・アップ 15

集める

テーマを決めるときは次のことに注目する。

①自然環境・防災
・地形や気候の特色
・自然災害の危険と防災対策　など

②人口
・人口の増減や分布の特色と変化
・産業別や年齢別の人口構成の特色と変化
・過密や過疎の問題　など

③産業や土地利用の変化
・産業の特色と変化
・店や会社の種類別の分布と変化
・生産の工夫，生産物の変化　など

④交通の発達や他地域との結びつき
・通勤・通学，物の輸送
・鉄道やバス，道路の特色と変化
・高速交通の整備　など

---

1 身近な地域の情報を集めよう　古い地図や写真，統計資料などを使うと，地域の変化をとらえられる。

①自分たちが暮らしている地域について，自然の様子や人口や産業，交通などにみられる特色や変化をとらえてみる。

・高いところから観察する。

・通学路周辺をていねいに観察する。

　→気付いたことや疑問に思ったことをメモする。

②古い地図，写真，統計資料などを使うと，地域の変化がとらえられる。

2 調査するテーマを話し合おう　具体的なテーマを，疑問文の形で考えてみる。

①集めた情報を整理し，分かったこと，気付いたこと，興味や関心を持ったこと，疑問に思ったことなどをカードに書き出す。

②それぞれのカードで関連のありそうなものを分類する。

　→その分類のキーワードを考える。

③具体的なテーマを，疑問文の形で考えてみる。

3 仮説と調査計画を立てよう　自分なりの仮説を立て，「何を，いつ，どこで，どのように」調査するかを話し合う。

①決まったテーマについて，「〜だから〜だろう」といった自分なりの根拠を入れた仮説を立てる。

　→具体的に何を調べるべきかがはっきりする。

②調査することについて，調査方法を考える。

　→「何を，いつ，どこで，どのように」調査するかを話し合う。

地形図の読み取り方① ●教科書 p.144〜145

■土地利用について読み取ろう

・国土地理院発行の<u>2万5000分の1</u>や<u>5万分の1</u>のそれぞれの地形図は，ほかの地図の基本にもなっている。

・地形図を読み取る際には，次の4点を理解する。

①縮尺…実際の距離（きょり）を縮小した割合。

→2万5000分の1の地形図上での1cmの長さは，<u>250m</u>になる。

②方位…地形図では，上が北になる。

③等高線…高さが等しい地点を結んだ線。等高線は土地の<u>起伏</u>（きふく）を表している。等高線の間隔がせまい所ほど土地の傾斜（けいしゃ）が<u>急</u>である。

④地図記号…建物や土地利用，交通路などを表した記号。

等高線		2万5000分の1地形図	5万分の1地形図
計曲線	〜	50mごと	100mごと
主曲線	〜	10mごと	20mごと
補助曲線	〜	5mごと，2.5mごと	10mごと
	----	—	5mごと

等高線の種類

土地利用	建物・施設	道路・鉄道・境界

主な地図記号

■等高線に注目して地形図を読み取ろう

・等高線に注目した地形図の読み方を身に付ける。

①断面図のえがき方

・ある2つの地点を線で結び，その線をまっすぐに下ろす。その際，断面図上でその標高を示す所に印を付ける。各印をなめらかな<u>線</u>で結ぶと，断面図がえがける。

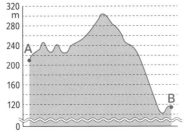
断面図

②尾根（おね）と谷

・尾根は，周りよりも<u>高い</u>土地をいう。谷は，尾根とは逆に周りよりも<u>低い</u>土地をいう。

→等高線の形では，尾根は<u>山頂</u>からふもとに向かって等高線が張り出す。谷はその逆になる。

尾根（おね）・谷と等高線の関係

読み取る （p.144） 解答例

(1)
あ：西

い：病院

(2)方位：南西
距離：およそ1350〜1400m
（地形図上で約5.5cmのため，5.5×2万5000=1375m）

地図記号をおぼえておくと，地図が読みやすくなります。

読み取る （p.145） 解答例

(1)略

(2)最も標高の高い場所からAに向かうより，同じ場所からBに向かう方が等高線の間隔がせまい。断面図を見ると，Aの方よりもBに向かう方が傾斜が急なため，等高線の間隔がせまい方が，傾斜が急であることがわかる。

第3編 第1章 地域調査の手法

■土地利用を読み取ろう

・地形図を読み取ることで，地域の<u>土地利用</u>や<u>地形</u>，交通などの特色をつかむことができる。

・地形図を読み取るときは，次のことを意識する。

　(1)地形図の<u>縮尺</u>

　(2)<u>等高線</u>の様子から分かるおおよその地形の特色

　(3)<u>土地利用</u>で，多いものや目立つもの

　(4)市街地や農地，森林の<u>分布</u>の様子と<u>地形</u>との関係

■地形図と空中写真とを比較しよう

・地形図で読み取った内容を空中写真と比較して確認する。

・比較の際は，次のことを意識する。

①地形図と空中写真の<u>年</u>の比較

　・地形図が測量された<u>年</u>と空中写真が撮影された<u>年</u>が同じとは限らない。

　　→<u>年</u>が異なる場合は，上の４つの意識することについて，どのような<u>変化</u>が見られるかを読み取る。

②地形図では読み取れない部分

　・読み取れない部分は，<u>空中写真</u>で確認する。

　　→国土地理院のウェブページで，閲覧できたり，ダウンロードできたりする。

・<u>デジタル</u>地図は，パソコンや携帯端末などから使用できる。

・インターネットにつながった地図<u>検索</u>サイトとしての<u>特徴</u>を生かしながら，<u>紙</u>の地図と使い分けるとよい。

> デジタル地図をうまく使えるようになると，調査もスムーズに進められます。

地図検索サイトの特徴

①住所や施設名などから，場所（目的地）を検索できる。

②地図の縮尺や中心地を自由に設定して表示できる。

③地図を拡大すると，施設などの名称や形状などがくわしく表示される。

④その他，地図検索サイトによって，さまざまな機能がある。

　（例）・現在地および目的地までのルートを地図上に表示できる。

　　　　・空中写真や，立体的に表現した地図などに表示を変更できる。

スキル・アップ 20
🔍 読み取る　　**地形図の読み取り方③**　　●教科書 p.147

■新旧の地形図を比較して，地域の変化を読み取ろう

・新旧の地形図を比較し，建物，道路，土地利用などに注目する。

　→地域がどのように変わってきたかが読み取れる。

・新旧の地形図を比較する際は，次のことを意識する。

①水田，畑，果樹園，森林といった土地利用の広がり。

②住宅地，工場，学校，緑地といった建物などの広さや数の変化

③鉄道や道路などの交通路や，川の流路の変化。

④地名の変化。

 解答例

①田

　ショッピングモールの場所に限らず，周辺の広い範囲が田であった。

②最も増えた：住宅

　最も減少した：田

　1955年当時の田の広さに比べると，2008年には面積の半分以上がなくなっている。

③川：ほとんど変化は見られない。

　鉄道：線路に変化は見られないが，駅が増えている。

　道路：もともとあった田の区画に沿うように道路が造られている。

まちがどのように変化してきたのかを調べたいときには，新旧の地形図を比較してみましょう。

❷ 野外観察・聞き取り調査

●教科書 p.148〜149

ここに注目！

1 野外観察をしよう

どのようなことに
注意して観察すると
よいのかな？

**2 聞き取り調査を
しよう**

どのような人に
聞くと
よいのかな？

? 野外観察や聞き取り調査は，どのように行えばよいのかな。

スキル・アップ 21

集める　　　　解答例

　野外観察には事前準備が大切である。また，観察時に注意することをおさえておこう。

事前準備

・地図を見て，調査にかける時間と調査の範囲を決める。

・歩く道順や調査場所，内容を地図に記した，ルートマップを作成する。

注意点

・ルートマップで現在地を確認し，周囲の様子をノートやカメラで記録し，場所をメモする。

・地形図と景観を比較して変わっている場所があればメモする。

・安全に注意し，周囲の迷惑にならないように観察する。

**1 野外観察を
しよう**　　地域の人たちの生活や人の移動，土地利用などに注意して観察する。

①調査計画に従い，野外観察（フィールドワーク）をする。

　→観察時に注意すること…地域の人たちの生活，人の移動，土地利用。

②観察するときは，ノートにスケッチやメモを残したり，カメラやビデオで撮影したりしておく。

　→後で整理するときに役立つ。

③写真をとるときは，伝えたいことがはっきりと分かるように写す。

**2 聞き取り調査を
しよう**　　分からない内容を詳しく知る人。議論になっていることについてはさまざまな立場の人。

①生活や仕事の中の工夫や苦労などは，統計からは分からない。

　→くわしく知る人にお話をうかがうと分かることもある。

②地域で議論になっていることについてお話を聞く。

　→さまざまな立場の人に意見を聞く。

③聞き取り調査をするときは，事前に聞きたい内容を整理して，聞き取り調査票をつくる。

④聞いたお話の内容で疑問に思ったことや興味を持ったことを質問する。

　→調査が深まる。

スキル・アップ 22

集める

聞き取り調査をする際に必要なこと。
事前連絡

・訪問したい場所に許可をもらう。

　→・学校名，学年，代表者名，訪問希望日時を伝える。

　　・調査の目的，質問内容，もらいたい資料などを事前に伝える。

　　・事前に手紙を出してから電話

すると，話がスムーズに進みやすい。

訪問先での心得

・あいさつをするなど，マナーを守る。

・相手が答えやすい質問から始める。

・調査と関係ない個人的な質問をしない。

・写真やビデオなどで記録したいときは必ず相手の許可を取る。

・調査終了後，お礼の手紙を出す。

③ 資料を使った調査

ここに注目！

1 文献や統計などを集めよう

どのようなところから資料を集めるとよいのかな？

2 さまざまな資料で調査を深めよう

どのようにすれば調査を深められるのかな？

？ 統計などの資料を使った調査は，どのように行えばよいのかな。

---

1 文献や統計などを集めよう ▶ **インターネットや図書館，市区町村の役所や郷土資料館など。**

①野外調査や聞き取り調査では分からないことがあったり，調査をしたことで新たな疑問がでてきたりする。

→<u>文献</u>，<u>統計</u>，<u>地図</u>，<u>写真</u>などの資料を使って調べると調査が深まる。

②資料は，インターネット，<u>図書館</u>，市区町村の<u>役所</u>，郷土資料館などを利用して見つける。

③どの資料からどのようなことが分かったのか，整理する。

資料	手に入る場所	分かること
市区町村要覧・市区町村の統計書	市区町村の役所・ウェブページ	地域の概要（自然・<u>人口</u>・<u>産業</u>など）
都市計画図・住宅地図	市区町村の役所	地域の土地利用
産業の統計	商工会議所・農業協同組合	地域の<u>産業</u>のくわしい情報
市区町村市	公立図書館・郷土資料館	地域の<u>歴史</u>や発展の様子など
地形図（古い地形図をふくむ）	国土地理院や地方測量部	<u>地形</u>・<u>土地利用</u>の移り変わりなど
空中写真	日本地図センター	地形，土地利用など
観光パンフレット	観光協会	観光地の様子・観光客数など

■調査に役立つウェブページ

・国土交通省　ハザードマップポータルサイト

・地理院地図

2 さまざまな資料で調査を深めよう ▶ **新旧の地形図や空中写真，景観写真を比較。統計データをグラフなどにまとめる。**

①調査が深めるためには，次のようなことを行うとよい。

・新旧の<u>地形図</u>，<u>空中写真</u>，<u>景観写真</u>の比較(ひかく)。

・統計データを表や<u>グラフ</u>，<u>分布図</u>などにまとめる。

→地域の<u>特色</u>や課題の様子，<u>分布</u>の傾向(けいこう)，<u>変化</u>がはっきりと分かるようになる。

スキル・アップ 23

📝 集める

・統計書や地図など定期的に発行される資料は，最新のものと<u>過去</u>のものとを比べると，地域の変化の様子が分かる。

・<u>インターネット</u>ではさまざまな情報が手に入る。インターネットで調べたときは，参照したウェブページの<u>URL</u>と調べた<u>日付</u>をメモしておく。

第3編　第1章

地域調査の手法

調べる内容によって，資料を使い分けましょう。

4 調査のまとめ

1 地図や図表で表そう
どのようなことを
地図や図表で
表すのかな？

**2 分かったことを
まとめよう**
どのように
まとめると
よいのかな？

? 調査した内容は，どのように整理してまとめたらよいのかな。

スキル・アップ 24
まとめる

棒グラフ…数や量を比べるとき
（例）
・2020年の都道府県別の○○の生産量
・1年間の月別の降水量

折れ線グラフ…変化を表すとき
（例）
・○○市の人口の変化
・○○社の売り上げの推移

帯グラフ…割合を表すとき
（例）
・日本の輸入相手国の割合
・○○の生産量の都道府県別の割合

---

1 地図や図表で表そう　人口はグラフで表すと変化の様子が分かる。地区別の人口は地図に表すと分かりやすい。

①調べた内容によってまとめ方は異なる。

・人口は，グラフで表し，大きく変化した都市の出来事などを書きこむと，変化の様子と原因を分かりやすくまとめられる。

・地区別の人口は，地図に表すことで，地域ごとのちがいが分かりやすくなる。

2 分かったことをまとめよう　調査結果をグラフや地図にまとめる。考察の流れを文章や図に整理する。

①調査して分かったことを書き出す。

②地域の特色や課題について，考察する。

→自然環境，人口，産業，交通の変化との関連などに注意。

③調査結果は，グラフや地図にまとめると，新たな発見につながることがある。

④考察の流れを文章や図に整理する。

→分かったことがはっきりして，まとめやすくなる。

⑤調査結果が仮説と合っているか検証する。

→ちがった場合は，「何がどうちがっていたか」を整理し，実際にそうなっている理由についてグループで話し合う。

スキル・アップ 25
まとめる

ドットマップ
〈目的〉分布の度合いを表す
（例）日本の人口の分布

図形表現図
〈目的〉分布と地域差を表す
（例）地域別の第三次産業従事者の人口と割合

階級区分図
〈目的〉地域差を表す
（例）日本の降水量（地図で表す）

流線図
〈目的〉他地域との結びつきを表す
（例）東京圏からの人口の移動

---

5 調査結果の発表

ここに注目！

1 発表の原稿や資料を準備しよう
どのような資料を準備するのかな？

2 分かりやすい発表をしよう
どのような発表をするとよいのかな？

3 他の発表から学び合おう
自分たちの発表のほかに，何をするのかな？

？ 分かりやすい発表をするには，どうしたらよいのかな。また，ほかのグループの発表から，考えを深めよう。

---

1 発表の原稿や資料を準備しよう
▶グラフや表，写真，地図などの資料を見せて発表する。分かりやすいように工夫する。

①グラフや表，写真，地図などの資料を見せて説明しながら発表する。
　→聞く人に内容が分かりやすくなる。

②資料も，見やすく，分かりやすくなるように工夫する。

③文章で表すときは，大きな字で簡潔にまとめ，大切な部分に下線を引くなどすると分かりやすくなる。

④参考にした資料やデータの入手先，出典などははっきりと示す。

2 分かりやすい発表をしよう
▶調べて分かったことと自分の考えの区別をつける。自分の考えには根拠を示す。

①発表の際は，調べて分かったことと自分たちの考えたこととの区別をつける。

②自分たちの考えや意見をいうときは，根拠を示して説得力のある説明をする。

③口頭で発表する場合は，事前に原稿を作り，どのような順番で発表したらよいかを考える。

3 他の発表から学び合おう
▶ほかのグループの発表も聞き，意見交換など行う。

①自分たちの発表だけではなく，ほかのグループの調査テーマや発表もしっかりと聞き，自分たちの調査と関連付けながら，意見を交換するとよい。

ほかのグループの発表もしっかりと聞きましょう。

スキル・アップ 26
　まとめる

発表の順番

(1)調査テーマを設定した動機と目的

(2)テーマに対して立てた仮説，調査方法

(3)野外調査や文献調査から分かったこと

(4)まとめ（仮説の検証，調査結果の考察）

(5)地域の課題や解決策の提案

スキル・アップ 27
　まとめる

　パソコンでGIS（地理情報システム）を活用すれば，画面上で地図を使ったさまざまな表現ができる。調査結果のまとめでは，地域の課題や解決策などをGISで地図化して，レポートにまとめることや，ウェブページに掲載するなどの活用ができる。

第3編第1章　地域調査の手法

2章 日本の地域的特色と地域区分

① 地形から見た日本の特色

●教科書 p.158〜161

ここに注目！

1 地震の震源や火山が連なる地域
地震の震源や火山が連なる地域にはどのような特徴が見られるのかな？

2 険しい日本の山地
日本の山地にはどのような特徴があるのかな？

3 急で短い日本の川
日本の川にはどのような特徴があるのかな？

4 さまざまな地形が見られる平地
日本にはどのような平地が見られるのかな？

5 変化に富む日本の海岸
日本ではどのような海岸が見られるのかな？

6 海洋国・日本
日本の周辺にはどのような地形が見られるのかな？

? 日本の地形にはどのような特色があり，地域によってどのようなちがいがあるのかな。

 読み取る （p.158）【解答例】

日本の面積の約4分の3が山地や丘陵がしめており，約4分の1が台地や低地などの平地である。

チェック 【解答例】

37万7972km²÷100×72.8
＝約27万5164km²

 トライ 【解答例】

日本の中心に長く，険しくそびえる日本の山々。

---

1 地震の震源や火山が連なる地域　▶変動帯は陸地には標高の高い山脈，海には島々が並ぶ。日本列島も変動帯に位置する。

①変動帯…地震の震源や火山が帯のように分布する場所。こうした場所の陸地には標高の高い山脈が，海には島々が並ぶ。

②主な変動帯
　・太平洋を囲む環太平洋地域（日本列島はこの変動帯に位置する）
　・アルプス山脈周辺〜ヒマラヤ山脈〜インドネシア東部の地域。

③アフリカ大陸東部や大西洋中央部に震源や火山が連なる地域がある。

④変動帯以外の地域…長期の風化や侵食の影響で平らな地形。中国内陸部などでは変動帯ではなくても巨大な地震が起こることもある。

2 険しい日本の山地　▶日本列島の陸地の約4分の3が山地と丘陵。険しい山脈が連なったり火山があったりする。

①日本列島は，陸地の約4分の3が山地と丘陵である。

②日本アルプス…標高3000m前後の飛騨山脈，木曽山脈，赤石山脈

③日本アルプスからフォッサマグナまでの地域を境に，東側では険しい山脈や平野が広がる。西側では山地が東西方向に広がる。九州では阿蘇山や桜島のように活発な火山が多く見られる。

3 急で短い日本の川　▶日本の川は傾斜が急で，流域面積がせまい。河川の上流には多くのダムが造られる。

①日本列島の川は，大陸の川に比べ，傾斜が急で流域面積がせまい。

②短時間に大量の雨が降ると，川を流れる水の量の変化が大きくなる。
③河川の上流に多くの<u>ダム</u>が造られる。
　→目的…<u>洪水</u>を防ぐ，<u>水不足への備え</u>，<u>発電</u>　など

4 さまざまな地形が見られる平地　日本の面積の約4分の1が平野や盆地である。ここに人口の大半が集中している。

①日本では，海に面した<u>平野</u>や山に囲まれた<u>盆地</u>などの平らな土地に多くの都市が造られてきた。→平野と盆地の面積は国土の約4分の1だが，<u>人口</u>の大部分がここに集中している。
②平野や盆地に見られる地形
　・<u>扇状地</u>…川が平野や<u>盆地</u>に流れ出たところに土砂がたまってできた扇形の地形。
　・<u>三角州</u>…海や湖に川が運んだ細かい土砂で埋め立てられた地形。
　・<u>台地</u>…高いところに広がる平らな土地。
③低地は主に<u>水田</u>に，台地は主に<u>畑</u>に，扇状地は<u>長野</u>盆地や<u>甲府</u>盆地では果樹園に，東北地方や北陸では主に<u>水田</u>に利用されている。

5 変化に富む日本の海岸　岩石海岸や砂浜海岸の他に人工海岸もある。三陸海岸や志摩半島にはリアス海岸が続く。

①海岸には，岩場が続く<u>岩石</u>海岸と，一面が砂におおわれる<u>砂浜海岸</u>がある。
②現在では，コンクリートなどで護岸した<u>人工</u>海岸も広がる。
③砂浜海岸には，風で運ばれた砂が積もってできた<u>砂丘</u>が発達しているところがある。→<u>鳥取砂丘</u>や新潟砂丘が有名。
④<u>三陸</u>海岸や<u>志摩</u>半島には，奥行きのある<u>湾</u>と<u>岬</u>が連続する<u>リアス</u>海岸が続く。

6 海洋国・日本　日本列島の周辺には，海溝や大陸棚が見られる。

①日本は<u>海洋国</u>（島国）である。
②日本列島の東に<u>太平洋</u>，西に<u>日本海</u>，北海道の北東には<u>オホーツク海</u>，南西諸島の西には<u>東シナ海</u>が広がる。
③太平洋の沖合いから伊豆諸島，小笠原諸島の東側に沿った海には深さ8000mをこえる<u>海溝</u>が連なる。
④日本列島の周囲には，深さ200mまでの平たんな<u>大陸棚</u>が見られる。
　→特に日本海の南部から<u>東シナ海</u>にかけて，広範囲に広がる。
⑤東日本の太平洋の沖合いには，暖流の<u>黒潮</u>（<u>日本海流</u>）と寒流の<u>親潮</u>（<u>千島海流</u>）とがぶつかる<u>潮境</u>がある。
⑥日本海には黒潮から分かれた暖流の<u>対馬海流</u>が流れ込み，日本列島に沿って北上している。

まとめる　解答例

・扇状地…長野盆地や甲府盆地では果樹園に，東北地方や北陸では（かんがいが発達して）主に水田に利用。

・台地…主に畑に利用。

（p.161）

読み取る　解答例

(1)暖流…黒潮（日本海流），対馬海流
寒流…親潮（千島海流），リマン海流

(2)暖流…南西から北東方向へ流れる。
寒流…北東から南西方向へ流れる。

チェック　解答例

・海に面した平野や，内陸部にある山に囲まれた盆地

・扇状地，三角州，台地などの地形

・海や川に沿った低い土地（低地）

トライ　解答例

日本列島の各地で川が流れ，日本全土を海に囲まれた日本。

② 気候から見た日本の特色

ここに注目！

1 日本が属する温帯
日本の気候には
どのような特色が
あるのかな？

2 地域によって異なる日本の気候
地域によって
どのような気候の
ちがいがあるのかな？

？ 日本の気候にはどのような特色があり，地域によってどのようなちがいがあるのかな。

集める 解答例

・サモアのアピア…年降水量は2712mmで，東京よりも多い。アピアは熱帯に属し，年間を通して暑く，季節による気温の変化がほとんどない。毎日のように雨が降る。

見方・考え方 解答例

・イヌイットの人々…暖かく（暑く）感じる。
・サヘルの人々…東京では湿気が多いと感じる。
・サモアの人々…あまり大きな変化を感じない。

チェック 解答例

・広い範囲が温暖湿潤気候に属しています。
・南西諸島や小笠原諸島の気候は，温帯の中で亜熱帯とよばれ
・北海道は〜冷帯（亜寒帯）に属します。

トライ 解答例

・特に冬の天候が異なる。日本海側は季節風が日本海で大量の水蒸気をふくんで雪や雨を降らせる。一方太平洋側は，中央の山脈をこえた季節風は水蒸気が少ないため，かわいた風がふき，晴天が続く。

---

1 日本が属する温帯
日本列島の広範囲が温暖湿潤気候に属する。四季がはっきりしている。

①日本も属する温帯は，三つの気候区に分かれる。
・地中海性気候…夏はほとんど雨が降らずに乾燥し冬に雨や雪が降る。
・西岸海洋性気候…緯度が高いわりに冬が暖かく，一年中降水がある。
・温暖湿潤気候…一年の中での降水量や気温の変化が大きく，四季がはっきりしている。→日本列島の広い範囲が属する。

②日本列島は二つの季節風（モンスーン）の影響を強く受ける。
・夏の季節風…太平洋からふきこむ，暖かい湿気を大量にふくむ風。
・冬の季節風…シベリアからふきこむ，冷たい風。

③低気圧や前線の影響で，年間の降水量が多くなる。東アジアでは梅雨の時期も見られる。

④夏から秋にかけて台風や熱帯低気圧が風水害をもたらすこともある。

2 地域によって異なる日本の気候
亜熱帯や冷帯（亜寒帯）に属する地域もある。特に冬は，太平洋側と日本海側とで異なる。

①南西諸島や小笠原諸島…冬でも気温が高く降水量が多い。亜熱帯気候ともよばれ，沿岸にはさんご礁が広がる。

②北海道…梅雨がなく，冬の気温が低い。冷帯（亜寒帯）に属する。

③太平洋側と日本海側とでも大きく分けられ，特に冬の天候が異なる。
・日本海側…季節風が，暖流の対馬海流が流れる日本海の水蒸気を大量にふくみ，日本海側の地域に雪や雨を降らせる。
・太平洋側…中央の山脈をこえた季節風は水蒸気が少ないため，かわいた風がふき，晴天が続く。

④瀬戸内…中国山地と四国山地にはさまれ，太平洋や日本海からの水蒸気が届きにくい。→降水量が少なく，夏に干ばつが起こりやすい。

⑤中央高地…年間を通して気温が低く，降水量が少ない。特に夜間の冬の気温が低く，昼と夜，夏と冬との気温差が大きい。

③ 自然災害と防災・減災への取り組み

ここに注目！

① さまざまな自然災害	**②** 被災地へのさまざまな支援	**③** 防災対策と防災意識
自然災害にはどのようなものがあるのかな？	被災地へはどのような支援がされるのかな？	災害を防ぐためにはどのようなことが重要なのかな？

? 日本にはどのような自然災害が起こり，防災の取り組みがどのように行われているのかな。

---

① さまざまな自然災害 ▶ 地震や火山の噴火，洪水などがある。強風，高潮，冷害，干害，雪崩などもある。

①地震…大きな地震は，ゆれとともに土砂くずれや地盤の液状化を，震源が海底の場合は津波を起こすこともある。

→大規模なものは，さまざまな災害を同時に引き起こす。

②火山の噴火…溶岩や火山灰，火山れきの噴出や火砕流が発生。

③日本では，梅雨や台風による大雨で，河川の水があふれたり，土砂くずれや土石流が起こったりする。

④その他，強風，高潮，冷害，干害，雪崩といった災害もある。

② 被災地へのさまざまな支援 ▶ 国が都道府県や市区町村などと協力して被災者を保護。自衛隊やボランティアも支援。

①災害救助法…国が都道府県や市区町村などと協力して被災者を保護。

→避難所や仮設住宅の整備，生活物資の供給，医療活動などが行われ，必要な場合は都道府県知事などが自衛隊に派遣要請を行う。

②ボランティアの支援も被災地の復旧や復興を後おしする。

③ 防災対策と防災意識 ▶ 防災活動に取り組み，災害時に適切な行動を取ることが重要。

①気象衛星や国内外での観測網の整備によって，細かい地域や短時間での気象予報が可能になった。

②火山の噴火や地震の危険を予測する研究も進められている。

③山地や河川での調査に基づき，地域ごとに土砂くずれや洪水の被害が予想されている。

→この予想を基に，国や都道府県，市区町村は防災計画を立てる。

④防災マップ（ハザードマップ）を作ることなどで災害が起こったときの対策も進められている。

⑤東日本大震災をきっかけに防災・減災への取り組みは変化している。

⑥防災活動に取り組み，災害時に適切な行動を取ることが重要である。

まとめる 解答例

・地震…家具の転倒，ものの落下などを防ぐ／建物の耐震補強　など
・洪水…身の回りに氾濫しやすい河川がないかを調べておく／堤防を造る／避難場所を事前に確認しておく　など

チェック 解答例

・土砂くずれ
・地盤の液状化
・津波

トライ 解答例

(1)・身の安全を確保する。
・先生の指示にしたがい，安全な場所へ避難する。など
(2)・身の安全を確保する。
・災害の情報に注意しながら，決められた地域の避難場所へ避難する。など
(3)・身の安全を確保する。
・周囲にある安全な場所へ避難する。
・（必要に応じて）自分の安全状況を知らせる。など

第3編 第2章 日本の地域的特色と地域区分

4 人口から見た日本の特色

●教科書 p.168〜169

ここに注目！

1 人口構成や分布の変化
日本の人口構成や分布にはどのような特徴がみられるのかな？

2 過密地域と過疎地域
過疎地域とはどのような地域のことかな？

？ 日本の人口の分布や構成にはどのような特色があり，どのように変化しているのかな。

読み取る 解答例
略

見方・考え方 解答例
・日本の人口の大部分は，国土の面積の約4分の1ほどの平野や盆地に集中している。中でも，東京，神奈川，大阪，愛知などに著しく集中している。

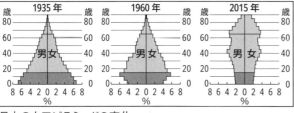

日本の人口ピラミッドの変化

 解答例
・高度経済成長の時期には，地方から大勢の人が大都市で働くために移り住み
・高度経済成長の時期に人口や企業の集中が進み

トライ 解答例
・過密…都市部。東京，神奈川，大阪，愛知などに著しく集中。
・過疎…漁村や農村。山間部や離島など。

---

1 人口構成や分布の変化
日本は少子高齢化が進んでいる。人口は東京，神奈川，大阪，愛知などに著しく集中。

①日本は1980年を過ぎたころから少子高齢化が進む。

②人口ピラミッドで表すと，日本は「富士山型」→「つりがね型」→「つぼ型」へと変化している。

③日本は世界の国々と比べて，少子高齢化が急速に進んでいる。

④人口密度の高い地域は，都道府県別に見ると東京，神奈川，大阪，愛知などに著しく集中している。

→高度経済成長の時期に，大勢の人が地方から大都市に移り住み，東京，大阪，名古屋を中心とする三大都市圏を形成。

⑤高速交通網の整備とともに，各地方の中心都市が成長

→札幌，仙台，広島，福岡などの地方中枢都市が成長。新潟，岡山，熊本などの政令指定都市も成長している。

2 過密地域と過疎地域
人口の減少と高齢化が進み，地域社会の維持が難しい過疎の地域が全国的に広がる。

①高度経済成長の時期に過密となった都市では，さまざまな問題が生まれた。→交通渋滞，住宅の不足，大気汚染，ごみ問題　など

②大都市では地価が上昇してドーナツ化現象が起こる。

→1990年代に地価が下がると都心部の再開発が進み，都市回帰の現象が起こる。

③農村や漁村では，若者が都市に移り住むことで人口の減少と高齢化が進み，地域の経済の衰退や地域社会の維持が難しくなる過疎が問題になっている。→山間部や離島を中心に全国に広がる。

④地域の再生に取り組む事例もあり，農村に新しい価値を見いだして，IターンやUターンという形で移住する人も見られるようになった。

5 資源・エネルギーから見た日本の特色

ここに注目！

1 かたよる鉱産資源の分布
鉱産資源はどの地域に分布しているのかな？

2 資源輸入大国・日本
日本はどのくらいの資源を輸入しているのかな？

3 日本の発電方法の変化
日本ではどのような方法で発電しているのかな？

4 資源の活用と環境への配慮
日本ではどのような資源の活用と環境への配慮が行われているのかな？

？ 日本が必要な資源やエネルギーは，どのように確保されているのかな。

1 かたよる鉱産資源の分布

石炭は世界中，石油はペルシャ湾沿岸からカスピ海の地域，カリブ海沿岸の地域に分布。

①鉱産資源…石油や石炭，鉄鉱石など，エネルギー源や工業製品の原料に使われる鉱物。

②石炭は世界中に分布。石油は西アジアのペルシャ湾沿岸からカスピ海沿岸の地域や，カリブ海沿岸の地域にかたよって分布している。

③ウランやすず，ボーキサイト，レアメタルなどはさらに分布がかたよる。→日本や中国が世界中で開発を進める。世界で資源の獲得競争。

2 資源輸入大国・日本

日本は，鉱産資源のほとんどを輸入にたよっており，エネルギー自給率は著しく低い。

①1960年代までの日本は，石炭や水など，国内で豊富に得られる資源が主なエネルギー源であった。

②外国から高品質で安い鉱産資源を多く輸入するようになる。
→現在，エネルギー自給率は著しく低い。

3 日本の発電方法の変化

日本では，かつては水力発電で多くの電力を供給してきたが，現在は火力発電が中心。

①1950年代ごろまでは水力発電で多くの電力を供給。現在は，石油，石炭，天然ガスなどの鉱産資源を燃料とする火力発電が中心。
→火力発電は地球温暖化の原因となる温熱効果ガスが発生。

②原子力発電は温室効果ガスを排出しないが，過去の発電所の事故を受けて，その在り方についての議論が続く。

4 資源の活用と環境への配慮

再生可能エネルギーを利用する取り組みなどが，全国各地で行われている。

①鉱産資源にたよる割合を低下させ，環境の汚染を減らすための取り組みが全国各地で行われている。
・太陽光や風力などの再生可能エネルギーの利用。
・リデュース（ごみの減量），リユース（再利用），リサイクル。

読み取る 解答例

・石油…カリブ海の沿岸の地域や，ペルシャ湾からカスピ海沿岸にかけての地域にある国が多い。
・石炭…世界の広い範囲の国で埋蔵されている。

見方・考え方 解答例

・水力発電所は内陸の山地に多く分布。
・地熱発電所は火山などがある場所に分布。
・風力発電所は沿岸に多く分布し，内陸にも見られる。
・火力発電所と原子力発電所は沿岸に分布。

チェック 解答例

・火力発電と原子力発電の割合が高い。

トライ 解答例

身近な地域が，海に近い，山があるなどの特徴があるかを調べて，考えてみましょう。

6 産業から見た日本の特色

ここに注目！

1 活性化を図る農林水産業
日本の農業には
どのような特色が
見られるのかな？

2 地域的な広がりを見せる工業
日本の工業には
どのような特色が
見られるのかな？

3 大都市圏に集中する商業・サービス業
日本の商業やサービス業
にはどのような特色が
見られるのかな？

？ 日本の産業にはどのような特色があり，どのように変化しているのかな。

見方・考え方 **解答例**

・現地での雇用を生む。

・日本への輸出額が増える。

チェック **解答例**

・第一次産業…農業や漁業，林業など自然に直接働きかけて動植物を得る産業。

・第二次産業…工業や建設業などの，自然から得られた材料を加工して製品をつくる産業。

・第三次産業…商業や情報サービス業などの，物を生産せず，サービスで利益を得る産業。

トライ **解答例**

・第一次産業では，輸入品が増えたり，第二次産業では海外での生産が増えたりして，それぞれの産業が日本で縮小し，第三次産業の割合が高まった。

---

1 活性化を図る農林水産業

日本の農家は，安い輸入品に対して，品質が高く安全な農産物の生産で対抗している。

①農産物の貿易の自由化で，日本の食料自給率は大幅に下がった。

②安くて大量の輸入品に対して，日本の農家は有機栽培や産地直送などの工夫により，品質が高く安全な農産物を生産することで対抗。

③さまざまな交通網が整備され，冷凍したまま輸送する技術も発達。
　→大都市圏からはなれた地方でも，農林水産物を出荷できる。

④近年，地元の食材を使った料理や，伝統工芸，地場産業，自然や歴史を生かした観光業などを組み合わせ，地域の活性化を図る農村や山村，漁村も増えてきている。

2 地域的な広がりを見せる工業

臨海型だけでなく，内陸型の工業地域も形成。最先端の研究開発も行われる。

①高度経済成長の時期に臨海型の工業地域が形成。
　→太平洋ベルト（北関東工業地域，京浜工業地帯，京葉工業地域，北陸工業地域，東海工業地域，中京工業地帯，阪神工業地帯，瀬戸内工業地域，北九州工業地域）

②1970年代は交通網の整備によって内陸型の新しい工業地域も形成。

③日本はもともと加工貿易にたよってきたが，1980年代から企業が海外での生産を増やしたことで，産業の空洞化が問題になった。

④近年，最先端の研究開発による高機能な製品などが生産されている。

3 大都市圏に集中する商業・サービス業

情報サービス業などで働く人が増えている。商業で働く人は少しずつ減ってきている。

①日本では第三次産業の仕事をする人が全体の7割をこえている。

②情報サービス業や医療・福祉サービスで働く人が増えている一方で，卸売や小売といった商業で働く人は少しずつ減ってきている。

③ICT（情報通信技術）産業の企業は，東京，大阪，名古屋の三大都市圏に集中。

④人工知能（AI）の研究も進み，あらゆる産業での活用が期待される。

7 交通・通信から見た日本の特色

ここに注目！

1 使い分けられる交通
日本にはどのような交通が見られるのかな？

2 発達する日本の交通網
日本の交通はどのように発達したのかな？

3 情報通信網の発達と生活の変化
情報通信網の発達で生活はどのように変わったのかな？

？ 日本にはどのような交通・通信網が発達し，どのような結び付きがあるのかな。

1 使い分けられる交通

人の移動距離や，運ぶ貨物の種類や大きさなどによって，交通が使い分けられている。

①移動する<u>距離</u>によって利用する交通が使い分けられている。

- 近距離…主に<u>バス</u>，<u>鉄道</u>，自動車を利用。
- 中距離（300〜500km）…<u>新幹線</u>の利用が増える。
- 長距離…<u>航空機</u>の利用が増える。

②貨物の輸送

- <u>トラック</u>などの自動車での輸送の割合が高い。
- <u>航空機</u>…電子機器やその部品など軽くて<u>高価</u>な工業製品などの輸送。
- <u>船（大型船）</u>…石油や鉄鋼など，重くて体積の大きい物の輸送。

③複数の輸送手段を組み合わせて運ぶといった<u>工夫</u>も見られる。

2 発達する日本の交通網

日本各地が高速交通網で結ばれる。世界有数の国際空港や大規模な港も整備されている。

①現在，日本各地が<u>高速交通網</u>で結ばれ，三大都市圏では高速道路間を結ぶ<u>環状</u>の高速道路も整備。→沿道には<u>物流倉庫</u>や工場が多く立地。

②リニア中央新幹線の建設も進んでいる。

③日本には<u>旅客数</u>や<u>貨物量</u>が世界有数の国際空港（<u>成田</u>空港や<u>関西</u>空港）があるほか，大規模な港も整備。

→日本は世界を結ぶ<u>航空</u>交通網，<u>海上</u>交通網が集中する拠点となる。

3 情報通信網の発達と生活の変化

通信販売の普及は人々の消費生活を大きく変えた。

①現代の日本国内には，通信ケーブルや<u>通信衛星</u>を利用した<u>情報通信</u>網が張りめぐらされている。

②<u>光ファイバー</u>が整備されたことで，容量が大きい情報を高速で送れるようになり，<u>インターネット</u>の活用度が高まる。

- <u>通信販売</u>の普及などは，人々の消費生活を大きく変えた。
- <u>Wi-Fi</u>（ワイファイ）などの無線通信が利用できる施設や地域も広がっている。

みんなでチャレンジ 解答例

略

見方・考え方 解答例

略

チェック 解答例

・高速交通網…新幹線，高速道路，航空機

・情報通信網…通信ケーブル（光ファイバーふくむ），通信衛星，無線通信

トライ 解答例

・人の移動は距離によって使い分けられる。
近距離…主にバス，鉄道，自動車。
中距離（300〜500km）…新幹線の利用が増える。
長距離…航空機の利用が増える。

・物資の輸送は物資の種類や大きさなどで使い分けられる。通常，トラックなどの自動車での輸送の割合が高い。
航空機…電子機器やその部品など軽くて高価な工業製品など。
船（大型船）…石油や鉄鋼など，重くて体積の大きい物。

第3編 第2章 日本の地域的特色と地域区分

⑧ 日本を地域区分しよう

ここに注目！

① 自然環境に着目して地域区分しよう	② 人口に着目して地域区分しよう	③ 資源・エネルギーと産業に着目して地域区分しよう	④ 交通・通信に着目して地域区分しよう
自然環境に着目すると何が分かるのかな？	人口に着目すると何が分かるのかな？	資源・エネルギーと産業に着目すると何が分かるのかな？	交通・通信に着目すると何が分かるのかな？

？ 日本は地域的特色によって，どのように地域区分できるのかな。

チェック　解答例

略

トライ　解答例

・**1**と**5**を見ると，標高が低い地域では第一次産業の従事者が少ないことが推測される。

・**6**と**7**を見ると，東京からの鉄道の移動時間が長い地域で，1人あたりのバイオマス発電量が多いことが推測される。

① 自然環境に着目して地域区分しよう　標高の高い地域を境に，日本海側と太平洋側で積雪量がちがう。

①標高に着目した地域区分と最深積雪量に着目した地域区分を見ると，標高の高さと積雪の多さに関連があると推測できる。

②標高の高い地域を境にして，日本海側と太平洋側で積雪量がちがうことが分かる。

② 人口に着目して地域区分しよう　都市部では少子化が進んでいることが推測できる。

①都道府県別の平均年齢に着目した地域区分と合成特殊出生率に着目した地域区分を見ると，三大都市圏などの都市部の地域では少子化が進んでいることが推測できる。

②大都市圏からはなれた地域では，平均年齢が高く，高齢者が多いことが推測される。

③ 資源・エネルギーと産業に着目して地域区分しよう　第一次産業やバイオマス発電量はともに大都市圏からはなれた地方で多いことが分かる。

①第一次産業に従事する人の割合での地域区分と1人あたりのバイオマス発電量に着目した地域区分を見ると，ともに大都市圏からはなれた地方に多いことが分かる。

④ 交通・通信に着目して地域区分しよう　鉄道での移動で4時間をこえる地域では，飛行機を使う人が多いと推測できる。

①新幹線の沿線は比較的短い時間で移動できることが分かる。

②東京との鉄道での移動時間での移動手段に着目した地域区分を見ると，鉄道での移動で4時間をこえる地域では，飛行機を使う人が多いと推測できる。

みんなで チャレンジ　解答例				
(1)記入例 日本の 地域的特色	〈自然環境〉	地震や火山が多い ・日本全体が変動帯にあるから	少子高齢化 ・1980年代から出生数が減り，高齢者が増えた。	〈人口〉
		温帯の気候。一年の中での気温や降水量の変化が大きい（温暖湿潤気候） ※北海道地方の大部分は冷帯の気候	大都市圏に人口がかたよっている。 ・地方から働くために移り住む人が多い。	
		梅雨がある。 夏から秋にかけて台風や熱帯低気圧が発生。 →風水害をもたらす	地方中枢都市や政令指定都市の成長 ・交通網の整備とともに成長。	
		陸地の約4分の3が山地と丘陵	農村や漁村での過疎化 ・人口の減少と高齢化の進行	
	〈資源・エネルギーと産業〉	火力発電がエネルギーの中心 ・燃料を輸入しやすい沿岸に分布	新幹線で大都市間が結ばれている。 ・東京を中心に放射状にのびる。	〈交通・通信〉
		エネルギー自給率の低下 ・ほとんどを外国からの輸入にたよる。 再生可能エネルギー利用の取り組み	世界有数の国際空港や港の整備 ・世界を結ぶ拠点	
		加工貿易にたよってきた。 →1980年代後半から産業の空洞化の問題 →最先端の研究開発で原料や部品	日本国内に張りめぐらされる情報通信網 ・人々の消費生活を大きく変える。	
(2)略		・第三次産業の仕事をする人が全体の7割をこえる ・ICT産業が成長やAIの研究や開発	Wi-Fiが利用できる施設や地域が広がる。	

基礎・
基本のまとめ　**3編2章の学習を確認しよう**　●教科書 p.182

1❶変動帯：地震の震源や火山が帯のように分布する場所。太平洋を囲む環太平洋地域と，アルプス山脈周辺からヒマラヤ山脈を通りインドネシア東部に至る地域。

❷黒潮（日本海流）：太平洋の沖合に流れる，赤道付近から北上する暖流。

❸季節風（モンスーン）：ほぼ半年ごとにふく，向きが大きく変わる風。夏に海洋から大陸へ，冬に大陸から海洋に向かってふく傾向がある。

❹防災マップ（ハザードマップ）：災害が起きたときの被害予測や，避難場所などの情報がまとめられているマップ。

❺三大都市圏：東京・大阪・名古屋を中心とした都市圏。

❻少子高齢化：出生数が減り，高齢者が増えたことで起こる人口構成。日本では急速に進んでいる。

❼人口ピラミッド：男女別，年齢層別の人口を表したグラフ。

❽過疎：ある地域で人口の減少と高齢化が進み，地域の経済が衰退し，地域社会の維持が難しくなっている状況。

❾太平洋ベルト：太平洋や瀬戸内海沿岸に形成された，臨海型の工業地域をまとめていう。

❿産業の空洞化：企業が工場などの生産拠点を海外に移すことで，国内の産業が衰退してしまうこと。

2(1)ア：変動帯　　イ：季節風（モンスーン）
　　ウ：黒潮（日本海流）　エ：三大都市圏
　　オ：太平洋ベルト
(2)カ：北関東　　キ：中京　　ク：阪神
(3)太平洋ベルト

3・冬の日本海側は，（　季節風が日本海で水蒸気を大量にふくんでふく　）ため，雨や雪が多く降ります。
　・冬の太平洋側は，（　中央の山脈をこえた季節風は水蒸気が少なく，かわいた風がふく　）ため，晴天が続きます。

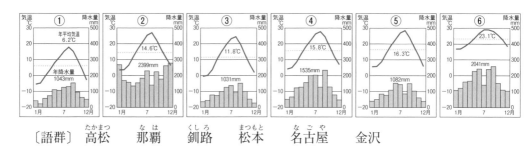

解法のポイント！ 定期テスト完全攻略！

❶ 次の①〜⑥の雨温図に当てはまる都市を，下の語群からそれぞれ選びなさい。

〔語群〕 高松（たかまつ）　那覇（なは）　釧路（くしろ）　松本（まつもと）　名古屋（なごや）　金沢

❷ 自然災害と防災について，次の文中の（　①　）〜（　⑥　）に当てはまる語句を，下の語群からそれぞれ選びなさい。

　日本では地震（じしん）やそれにともなう（　①　），火山の（　②　），洪水（こうずい）や土石流，高潮など，さまざまな自然災害が発生する。自然災害が発生した場合，国や（　③　）は災害救助法に基（もと）づいて被災（ひさい）者を支援（しえん）・保護し，派遣要請（はけんようせい）を受けた（　④　）も幅（はば）広い活動を行う。さらに全国から被災地に（　⑤　）がかけつけ，復興を後おしする。（　③　）では（　⑥　）を作成している。

〔語群〕　自衛隊　　防災マップ(ハザードマップ)　　噴火（ふんか）　　自治体　　津波（つなみ）
　　　　ボランティア

❸ 右のア〜ウの図は，日本の人口ピラミッドで，1935年，1960年，2015年のいずれかのものです。これを，年代順に正しく並べかえ，それぞれの型の名前も答えなさい。

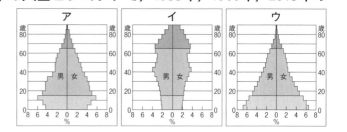

❹ 日本の農林水産業について，次の問いに答えなさい。

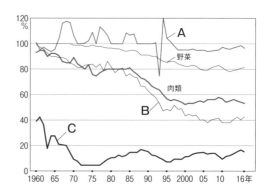

(1) 右の図は主な農産物の自給率の移り変わりを表しています。図中のA〜Cに当てはまるものを，次の語群から選びなさい。　〔語群〕　小麦　　米　　果実

(2) とる漁業から育てる漁業へ転換（てんかん）するため行われている漁業，二つ答えなさい。

❶ 解答

①：釧路
②：金沢
③：松本
④：名古屋
⑤：高松
⑥：那覇

ココがポイント！

　①は年平均気温が低いので，北海道の気候の釧路。②は冬に降水量（雪）が多いので，日本海側の気候の金沢。③は①に次いで気温が低く降水量が少ないので，中央高地の気候の松本。④は夏に雨が多いので，太平洋側の気候の名古屋。⑤は⑥に次いで温暖だが，降水量が少ないので，瀬戸内の気候の高松。⑥は気温が高く降水量が多いので，南西諸島の気候の那覇と判断できる。

❷ 解答

①：津波
②：噴火
③：自治体
④：自衛隊
⑤：ボランティア
⑥：防災マップ
　（ハザードマップ）

ココがポイント！

　①②は津波や噴火など災害の種類，③④⑤は自治体，自衛隊，ボランティアなど救助・支援する側，⑥は防災マップの作成や避難訓練など日ごろの対策。

❸ 解答

1935年：ウ，富士山型
1960年：ア，つりがね型
2015年：イ，つぼ型

ココがポイント！

　1935年は子どもの割合が多いウの富士山型，1960年は子どもと高齢者の差が富士山型よりも少ないアのつりがね型，2015年は高齢者が多いイのつぼ型である。

❹ 解答

(1)　A：米
　　　B：果実
　　　C：小麦
(2)　養殖漁業，栽培漁業

ココがポイント！

(1)　Aは自給率が100％に近い米，Bは自給率が年々下がっている果実，Cは自給率が極端に低い小麦。
(2)　育てる漁業の代表は養殖漁業と栽培漁業である。

❺ 日本の工業について，次の地図やグラフを見て，下の問いに答えなさい。

(1) ┈┈┈┈ の部分には，臨海部（りんかいぶ）に大きな工場が立ち並び，工業地帯・地域が集中しています。この地域を何とよぶか，答えなさい。

(2) グラフⅠは，ある工業地帯・地域の工業種類別の工業生産額割合を示しています。当てはまる工業地帯・地域を地図中の**ア〜ケ**から選び，記号と名前を答えなさい。

グラフⅠ 55.1兆円 [2016年]	金属 9.1	機械 69.2	化学 9.8	食料品4.8 せんい0.8 その他6.3

（「工業統計表」平成29年ほか）

❻ 世界と日本の資源・エネルギーについて，次の問いに答えなさい。

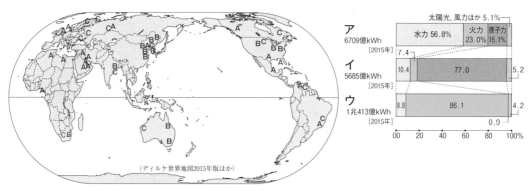

（ディルケ世界地図2015年版ほか）

ア 6709億kWh [2015年]	水力 56.8% 火力 23.0% 原子力 15.1%	太陽光, 風力ほか 5.1% 7.4
イ 5685億kWh [2015年]	10.4 77.0	5.2
ウ 1兆413億kWh [2015年]	8.8 86.1	4.2 0.9

(1) 上の地図は，鉱産資源のうち石油・石炭・鉄鉱石について，主な産出地を表したものです。**A〜C**に当てはまる資源名を，それぞれ答えなさい。

(2) 右上のグラフは，主な国の発電量の内訳を表したものです。**ア〜ウ**から日本に当てはまるものを選び，記号で答えなさい。

❼ 日本の商業・サービス業について，次の文中の（ ① ）〜（ ④ ）に当てはまる語句を答えなさい。

　日本の労働者を産業別に見ると，最も多いのは（ ① ）産業で，７割をこえている。しかし，卸売業（おろしうりぎょう）や小売業などの（ ② ）は少しずつ減少し，（ ③ ）の数が増えている。その中でも，インターネットの普及により（ ④ ）が重要な産業になっている。

❺ 解答

(1) 太平洋ベルト
(2) 中京工業地帯

ココがポイント！

(1) 太平洋ベルトとよばれる地域です。
(2) 特に機械工業の割合が高いことから，オの中京工業地帯となる。

❻ 解答

(1) A：石油
　　B：石炭
　　C：鉄鉱石
(2) エ

ココがポイント！

(1) Aはペルシャ湾からカスピ海，カリブ海周辺に多いので石油，Bは中国やアメリカ，オーストラリア東部から石炭，Cは中国，オーストラリア，ブラジルなどから鉄鉱石と判断する。
(2) 日本は2011年の東日本大震災後の数年間，原子力発電が停止された。したがってウが正解。なお，アはカナダ，イはフランスとなる。

❼ 解答

①：第三次
②：商業
③：サービス業
④：情報サービス業

ココがポイント！

①は第三次，②は商業，③はサービス業，④は情報サービス業が当てはまる。日本では，情報化や高齢化が進む中で，情報サービス業や医療・福祉サービス業で働く人が増えている。インターネットの普及によって，ICT(情報通信技術)産業が成長しており，三大都市圏に企業などが集中している。

3章 日本の諸地域

1節　九州地方 ―自然とともに生きる人々の暮らし―

1 九州地方をながめて

●教科書 p.186〜187

ここに注目！

1 火山活動に由来する地形
南部と北部では地形にどのようなちがいがあるのかな？

2 温暖で多雨の気候
なぜ九州地方は気温が高く，降水量が多いのかな？

? 九州地方を大きくながめると，どのような特色が見られるのかな。

見方・考え方　解答例

九州の太平洋側は暖流の黒潮（日本海流）が流れており，キャンプが行われる冬場でも，チームの本拠地と比べて気温が高く，過ごしやすいため。

---

1 火山活動に由来する地形　南部は火山が多く，北部は南部と比べてなだらか。

①九州地方は，日本列島の南西に位置する。

②面積の最も広い九州島のほか，対馬や五島列島，南西諸島（沖縄島，奄美大島など）などの島々が，南北に長く連なる。

③九州には，阿蘇山や桜島をはじめとして，雲仙岳や霧島山，くじゅう連山など，多くの火山がある。

④九州の中心あたりの阿蘇山には，カルデラとよばれる火山の噴火で火山灰や溶岩がふき出したあとにできた，大きなくぼ地がある。

⑤九州南部の鹿児島湾は，連なったカルデラに海水が入ってできた湾で，鹿児島湾の中に位置する桜島（御岳）は，現在も火山活動をしている。

⑥九州南部には，シラスとよばれる過去の大規模な火山活動の噴出物が厚く積もり，地層として広がっている。

Q 火山の噴火はどのようなことを引き起こすことがあるか？
A 噴火で地形が変わったり，火山灰が農作物に被害をあたえたりするなど，さまざまな災害を引き起こすことがある。

⑦北部には筑紫平野などの平野があり，南部と比べると地形はなだらかである。

⑧九州地方の人口は，最も人口の多い福岡市をはじめ，北部を中心に分布している。

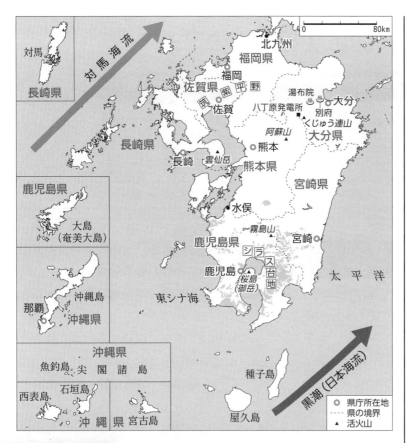

九州には火山が
多くあります。

2 温暖で多雨の気候

二つの暖流の影響で比較的暖かく，梅雨や台風の影響で雨が多い。

①九州の気候は，東シナ海や太平洋に黒潮（日本海流）と対馬海流という二つの暖流が流れており，冬でも比較的温暖である。

②屋久島より南の島々の沿岸は，冬でも海水が温かく，さんご礁が発達している。南西諸島では，こうした自然環境を生かしたリゾートが開発されている。

③九州南部や南西諸島では，野球やサッカーのプロチームが，2月ごろにトレーニングを行っている。

④九州では，梅雨前線や台風の影響で，梅雨から秋にかけて降水量が多く，豪雨になることがある。

⑤冬は日本海から季節風がふきこみ，北部を中心に雪が降ることもある。

探究課題　九州地方では，自然環境の影響が大きい中で，産業や生活・文化が発達してきたのはなぜでしょうか。

トライ　解答例

・過去の火山の噴火や台風による災害の経験を通して，日常生活の中で対策をとることができているため。

・火山によってもたらされる温泉や地熱エネルギーなど，自然環境のプラスの面を生活や産業に活用しているため。

第3編 第3章 日本の諸地域

② 自然環境に適応する人々の工夫

ここに注目！

1 火山とともに暮らす人々
火山灰対策として
どのようなことが
行われているのかな？

2 風雨とともに暮らす人々
土石流の被害を減らす
取り組みにはどのような
ことがあるのかな？

？ 九州地方の自然環境の中で，人々はどのような工夫をしながら暮らしているのかな。

考える 解答例
灰を克服しようという思いが込められている。

1 火山とともに暮らす人々　市民や行政による，火山灰の清掃や火山情報の提供などが行われている。

①鹿児島県には，桜島をはじめ，霧島山，吐噶喇列島の島々など，多くの火山がある。
　→特に，鹿児島県にある桜島は，活発に活動する日本有数の火山である。

②桜島は噴火のたびに周辺に灰を降らせ，日常生活に影響をおよぼしている。
　→火山灰への対策として，路面清掃車(ロードスイーパー)が道路を掃除したり，市民が「克灰袋」に火山灰を集め，市が回収したりしている。

チェック 解答例
鹿児島市では，火山灰への対策として，〜火山とともに生活するための，さまざまな工夫が行われています。

③鹿児島市では，桜島上空の風向きの予想や，噴火の情報をメールで送るサービスもあり，火山とともに生活するための工夫が行われている。

2 風雨とともに暮らす人々　砂防ダムの建設や，間伐，植林による山林の整備が行われている。

①九州では夏から秋にかけて，梅雨や台風による豪雨や強風への備えが必要である。
　→沖縄県など南西諸島の伝統的な家屋では，台風から家を守るための工夫をしている。

トライ 解答例
九州は斜面がくずれやすいシラスの地層が広がる地域が多いので，土砂くずれによって土石流が起こることを防ぐために砂防ダムが造られている。

②雨が続くと，土砂くずれのおそれがある。シラスの地層が広がる地域では，土石流によって，下流や地域の林業に被害をあたえることがある。

③河川の上流に土砂の流出を防ぐための砂防ダムを建設したり，間伐や植林によって山林を整備したりしている。
　→森林の保水力を高めたりしている。

③ 自然の制約の克服と利用

ここに注目！

1 火山のめぐみ
火山のめぐみはどのように生かされているのかな？

2 気候と地形に応じた農業
九州ではどのような農業が行われているのかな？

3 自然を生かした沖縄の観光
沖縄の観光にはどのような特色があるのかな？

? 九州地方では，人々はどのように自然のめぐみを利用したり，自然条件に適応したりしているのかな。

---

1 火山のめぐみ ▶ 美しい景色や温泉を生かした観光や，地熱発電に活用されている。

①火山は美しい景色や温泉などのめぐみをもたらしてきた。

②大分県の別府温泉や湯布院温泉は，外国人観光客にも人気の国際的な温泉地である。

③九州には，大分県の八丁原発電所などの地熱発電所がある。太陽光，バイオマスなどの再生可能エネルギーを利用した発電も行われている。

2 気候と地形に応じた農業 ▶ 北部の稲作，南部の畑作と畜産，南西諸島のさとうきびなど温暖な気候を生かした農業。

①筑紫平野などの比較的広い平野がある北部では稲作が盛ん。冬に小麦などを栽培する二毛作も盛んに行われてきた。

②シラスが広がる南部では，畑作や畜産が盛ん。
  ・外国産の肉に対抗して，「みやざき地頭鶏」「かごしま黒豚」「石垣牛」などのブランド化も行われている。
  ・宮崎平野などでは，野菜の促成栽培が行われている。

③温暖な南西諸島ではさとうきび，パイナップル，花などの生産が盛んである。

3 自然を生かした沖縄の観光 ▶ 暖かい気候とさんご礁などの自然を生かした観光。開発による環境問題が課題。

①沖縄県では，暖かい気候や，さんご礁が広がる海などの自然環境を生かした観光業が盛んである。

②リゾートの開発などによる環境問題も起こっている。自然保護について学ぶエコツアーなども行われている。

見方・考え方 解答例

大分県などの温泉や，沖縄県の暖かい気候やさんご礁の広がる美しい海など，自然のめぐみを生かした観光が盛んである。

チェック 解答例

・大分県は温泉の源泉の数や〜地域の経済を支えてきました。

・九州には，大分県九重町の〜発電を行っています。

トライ 解答例

北部…平野で稲作が盛ん。小麦などの二毛作を行う地域もある。

南部…畑作や畜産が盛ん。肉のブランド化や促成栽培なども行われている。

南西諸島…温暖な気候を生かして，さとうきびやパイナップル，花の生産が行われている。

第3編 第3章 日本の諸地域

4 持続可能な社会をつくる

●教科書 p.192～193

ここに注目！

1 工業化による地域の課題
北九州市では
どのようなことが
問題になったのかな？

2 水俣病と克服への取り組み
現在の水俣市では
どのような取り組みが
行われているのかな？

3 環境と開発の両立
未来のために
どのような社会を
目指しているのかな？

？ 九州地方では，自然環境の保全と産業の発展とを両立させる，どのような取り組みが行われているのかな。

まとめる (p.192) 解答例

資源の循環利用によって，環境にやさしい工業生産のための中心的な役割を担っている。

1 工業化による地域の課題
工業化による大気汚染や水質汚濁などの公害とその克服。

①北九州市は，鉄鋼業で繁栄してきたが，高度経済成長の時期に大気汚染や水質汚濁などの公害が問題となった。

②公害対策基本法などによる規制によって，環境は大きく改善され，環境に配慮した技術を生かした廃棄物処理の産業が盛んになった。

③現在，北九州市はエコタウンに選ばれ，リサイクル工場や，大学や企業が環境について研究する施設が集まっている。

まとめる (p.193) 解答例

過去に公害をもたらした経験の反省から，環境に配慮した取り組みの重要性を強く認識しているため。

2 水俣病と克服への取り組み
水俣病の経験をふまえ，環境や公害に関するさまざまな取り組みを行っている。

①水俣病は，1956年に公式に確認された公害病で，日本の四大公害病の一つ。この病気は，水俣市の化学工場の海に流した排水にふくまれていたメチル水銀が原因であった。

②人々の努力で水俣湾は安全な海に生まれ変わり，漁業も再開された。

③水俣市はエコタウンや環境モデル都市に選定され，住民どうしのきずなを取り戻す「もやい直し」の活動など，過去の経験をふまえたさまざまな取り組みを行っている。

トライ 解答例

資源の循環利用や環境に負担をかけない生産をすることで，環境保全に配慮をしつつ，将来にわたる産業の発展を実現し，持続可能な社会を築くことができる。

3 環境と開発の両立
環境と開発を両立させる持続可能な社会の実現を目指している。

①北九州市や水俣市の資源を循環利用する産業を育て，未来の人々により良い持続可能な社会を伝え残そうとする取り組みが行なわれている。

チェック 解答例
北九州市のような環境に配慮した技術を生かした廃棄物を処理する産業の推進や，水俣市のようなリサイクルの積極的な取り組みなど，資源を循環利用する産業を育て，未来の人々により良い社会を伝え残そうとする取り組みを積極的に行う都市。

九州地方をふり返ろう

●教科書 p.194

1 ①北九州（市）
　②筑紫（平野）
　③有明（海）
　④水俣（市）
　⑤桜（島）

⑥阿蘇（山）
⑦九州（山地）
⑧宮崎（平野）
⑨南西（諸島）
⑩屋久（島）

●教科書 p.194～195

まとめの活動　「先生」になって小学生に自然と人々との関係を伝えよう

みんなで
チャレンジ　解答例

(3)　記入例（下線部）

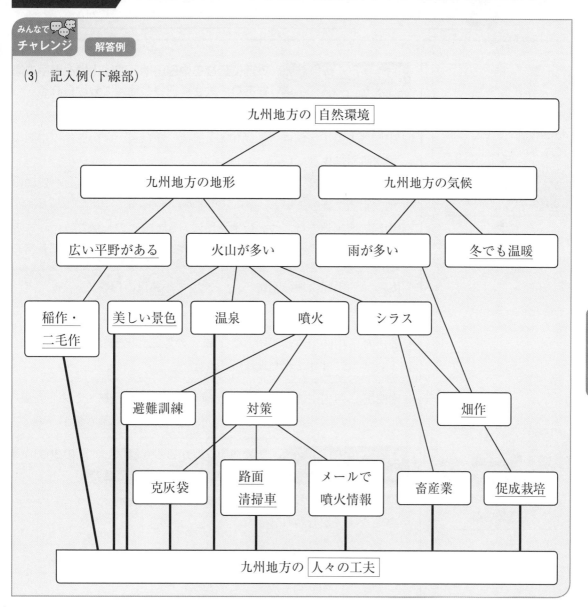

第3編 第3章　日本の諸地域

中国・四国地方をながめて ●教科書 p.198〜199

ここに注目！

1 自然環境の異なる地域	**2** 二つの山地にはさまれた地域	**3** 交通・通信網の整備で変わる地域
中国・四国地方にはどのような自然環境が見られるのかな？	雨の少ない瀬戸内地域ではどんな工夫が見られるのかな？	どのような地域で交通網の整備が行われてきたのかな？

？ 中国・四国地方を大きくながめると，どのような特色が見られるのかな。

（p.198）
読み取る　解答例

夏は南東の季節風が四国山地に，冬は北西の季節風が中国山地にさえぎられるため，しめった風がふきこみにくく，降水量が少ない。

1 自然環境の異なる地域 **東西に延びる中国山地，四国山地と瀬戸内海があり，大きく三つの地域に分けられる。**

①中国・四国地方は，九州地方の北東に位置し，東西に長い。

②中国地方の中央には，標高1000m前後のなだらかな山並みの中国山地が東西に延びている。

③四国の中央には，標高が2000mにせまる山が見られる険しい四国山地が東西に延びている。

④中国・四国地方は二つの山地を境に大きく三つの地域に分けられる。

地域名	位置	降水量の特徴
山陰	中国山地の北側	北西の季節風の影響で，冬の雨や雪が多い。
瀬戸内	中国山地と四国山地にはさまれた地域	ほかの地域と比べて降水量が少ない。
南四国	四国山地の南側	南東の季節風や台風でしめった風がふきこみ，夏の降水量が多い。

2 二つの山地にはさまれた地域 **ため池やダムから水を確保し，雨の少ない特色を生かした工夫もされてきた。**

①降水量の少ない瀬戸内では，生活用水や農業用水を得るためのさまざまな工夫が行われてきた。

（p.199）
読み取る　解答例

新たな橋が建設されたときに，自動車交通量が大きく増えている。

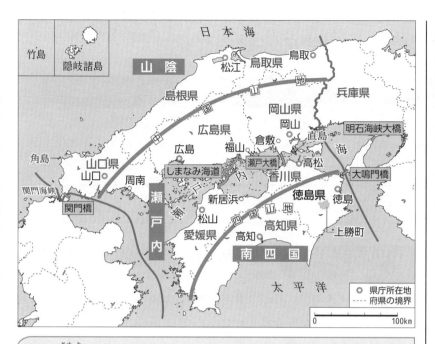

チェック　解答例

・中国山地より北の地域
は山陰

・四国山地より南の南四
国

・中国山地と四国山地に
はさまれた地域は瀬戸内

山陰，瀬戸内，南
四国では気候にちが
いが見られます。

Q 讃岐平野では，水を得るためにどのような工夫をしているのか？

A ため池を造ったり，降水量が多い高知県に造ったダムから用水路をひいたりして，水を確保してきた。

① 瀬戸内海は，潮の満ち引きの差が大きく，晴天の日が長く続くことから，江戸時代から，遠浅の海岸に引き入れた海水を乾燥させて塩を採る塩田が造られた。

→1970年代以降は，工場での生産に変わった。

3 交通・通信網の整備で変わる地域　高速道路や橋の建設によって，山地や海でへだてられていた地域を結び付けた。

①1980年代末から，瀬戸内海に三つの本州四国連絡橋が開通すると，中国地方と四国地方との結び付きは強まった。

②中国山地や四国山地を横断する高速道路が建設され，山陰・瀬戸内・南四国の地域間の移動時間は大幅に短縮された。

③携帯電話やインターネットなどの情報通信網の整備も，都市部から，中国・四国山地の山間部や，瀬戸内海の島々にも広がっている。

トライ　解答例

　中国山地や四国山地，
瀬戸内海によって，地域
がへだてられているため，
交通網や通信網の整備に
よって，地域間の移動や
連絡の問題が解消され，
結び付きが強くなった。

探究課題　中国・四国地方では，なぜ交通・通信網が重要な役割を果たしているのでしょうか。

第3編 第3章　日本の諸地域

② 交通網の整備と人や物の移動の変化

ここに注目！

1 地方内で深まるつながり
地方内の交通網の整備によってどのような影響があったのかな？

2 地方をこえて広がるつながり
地方間はどのような交通網で結ばれたのかな？

3 ストロー現象
交通網の整備によってどのような課題が生じたのかな？

? 交通網の整備によって，中国・四国地方はどのように変化したのかな。

見方・考え方 解答例

　中国地方と九州地方とは，関門海峡の関門橋やトンネルによって，鉄道や高速道路で結び付いており，四国地方と近畿地方は大鳴門橋，明石海峡大橋の建設によって高速道路で結び付いている。

✓ チェック 解答例

・瀬戸大橋

・浜田自動車道

・大鳴門橋

---

1 地方内で深まるつながり 山陰・瀬戸内・南四国の間の人や物の移動が増え，つながりが深まった。

①中国・四国地方は，三つの**本州四国連絡橋**の建設によって，地域内の人や物のつながりが深まった。

→1988年の**瀬戸大橋**の開通で，岡山市と高松市の移動時間は約2時間(鉄道と船)から約1時間(自動車や鉄道)に短縮され，**瀬戸内海**をわたって**通勤・通学**する人が増えた。

②中国山地にへだてられていた**山陰**と**瀬戸内**も，島根県と広島県の間の**浜田**自動車道などによって，約2時間で移動できるようになった。

2 地方をこえて広がるつながり 九州・中国地方は，関門橋や関門トンネル，四国・近畿地方は大鳴門橋で結ばれた。

①九州地方の福岡県**北九州**市と中国地方の山口県**下関**市とは，**関門海峡**で接しており，3本のトンネルと1本の橋で結ばれている。

②四国地方と**近畿**地方とは，**大鳴門橋**と**明石海峡大橋**で結ばれている。

3 ストロー現象 大都市に人が集まるようになる，ストロー現象が生じている。

①都市間の交通網の整備によって，大都市に吸い寄せられて移動する現象を**ストロー現象**という。

Q ストロー現象によって起こる問題は何か？
A 大都市に人が集まり，地方都市や農村の商業が落ち込む。

✎ トライ 解答例　地方内外を結ぶ，橋やトンネルをはじめとした交通網が整備されたことによって，都市間の移動時間を短縮することができた。一方で，大都市への人の集中が進み，地方都市や農村の商業の落ちこみが課題になっている。

③ 交通網が支える産業とその変化

ここに注目！

1 瀬戸内の都市の歴史
中国・四国地方の都市にはどのような特色があるのかな？

2 海で結ばれた工業地域
瀬戸内工業地域ではどのような工業が盛んなのかな？

3 全国に出荷される農水産物
農業や漁業では自然環境をどのように生かしているのかな？

？ 中国・四国地方の産業は，どのように発展してきたのかな。

---

1 瀬戸内の都市の歴史 ▶ 瀬戸内海の沿岸に都市が集中している。

①中国・四国地方の人口は，瀬戸内海に面した，県・都市に集中。

②広島市，岡山市，松山市，徳島市などの県庁所在地の多くは，交易や交通の要所に築かれた城下町を起源として発展した都市である。

2 海で結ばれた工業地域 ▶ 海上輸送に便利な瀬戸内海沿岸に重化学工業が発達。

①瀬戸内海の沿岸は，1960年代以降さまざまな工業が発達してきた。

②瀬戸内海沿岸の工業都市のまとまりは瀬戸内工業地域とよばれ，重化学工業を中心に発展してきた。

③おもな工業は，製鉄所（岡山県倉敷市，広島県福山市），石油化学コンビナート（倉敷市水島地区，山口県周南市，愛媛県新居浜市），自動車関連（広島市と周辺地域）などである。

3 全国に出荷される農水産物 ▶ 温暖な気候を生かした野菜や果物の栽培や瀬戸内海沿岸の複雑な地形を生かした養殖。

①温暖な気候の南四国や瀬戸内では，野菜や果物の生産が盛んである。
→高知県は促成栽培によるなすやピーマン，広島県はレモン，愛媛県はみかんなどの生産が多い。山陰では，鳥取県のなしの生産が有名。

②瀬戸内海の複雑な海岸線は魚介類の養殖に適しており，広島県のかき，愛媛県のまだいの生産量が多い。

③本州四国連絡橋や高速道路などの整備によって短時間で大都市圏への出荷ができるようになった。

 トライ **解答例** 工業は，海上輸送に適した瀬戸内海の沿岸で発達し，瀬戸内海を通って各地へ工業製品を運ぶことができるため。農業は，本州四国連絡橋の開通で，短時間で首都圏に出荷することができるため。

見方・考え方 **解答例**

瀬戸内海はおだやかで海上輸送に適しているため，瀬戸内海沿岸では，重量のある原材料の輸入や製品の出荷を必要とする重化学工業が盛んになった。

 考える **解答例**

大阪は人口が多く，周辺の地域もふくめて大消費地となっているため，西日本各地から農産物が集まる中心的な市場となっている。

チェック **解答例**

瀬戸内…（工業）岡山県倉敷市や広島県福山市には，〜自動車関連の企業や工場が集まっています。（農業）広島県のレモン，〜全国に出荷されています。

南四国…（農業）高知県では，〜促成栽培が盛んです。

第3編 第3章 日本の諸地域

4 活用される交通・通信網

ここに注目！

1 町おこし・村おこし	**2 橋で変わる島の暮らし**	**3 インターネットで変わる山間地の暮らし**	**4 世界から地域に来訪，地域から世界に発信**
過疎化が進む地域ではどんな取り組みが行われているのかな？	角島ではどのような取り組みが行われているのかな？	上勝町ではどのような取り組みが行われているのかな？	直島ではどのような取り組みが行われているのかな？

？ 中国・四国地方の交通・通信網の整備には，どのような課題があるのかな。

読み取る 解答例

中国山地や四国山地の広がる地域や，南四国の太平洋沿岸部の地域に，人口が減少している地域が多い。

1 町おこし・村おこし 自然環境などの観光資源や交通・通信網を生かした地域活性化の取り組み。

①山間部や瀬戸内海の島々では，過疎化（かそ）が進む。

②地域の活性化のために，観光資源などを生かした町おこし・村おこしが行われている。

2 橋で変わる島の暮らし 交通網と島の美しい自然や景色を生かした観光と島の魅力や知名度を上げる取り組み。

①山口県下関市（しものせき）の角島では，島と本州と結ぶ橋の完成によって，島の美しい自然や景色を求める観光客が増えた。

②映画やコマーシャルの撮影場所（さつえい）として協力することで，地域を活性化する努力をしている。

見方・考え方 解答例

上勝町は，人口減少が進み，高齢者が多く住む地域のため，都市から離れた地域でも高齢者が活躍できる産業を育てる必要があったから。

3 インターネットで変わる山間地の暮らし 地域の自然を生かして，高齢者が活躍できるインターネットを活用した取り組み。

①徳島県上勝町（かみかつちょう）では，高齢者（こうれい）が活躍（かつやく）できる産業として，身近な山で採れる草花を，料理にいろどりをそえる素材として，インターネットを通じて大都市の料理店向けに販売（はんばい）している。

4 世界から地域に来訪，地域から世界に発信 建築家や芸術家と協力して，島全体で芸術を通じた観光を活性化。

①香川県の直島（なおしま）は，島の自然や歴史を生かした建築物や作品を島の各地に展示し，観光に生かしている。

→島を訪れた（おとず）観光客がインターネットで直島の魅力（みりょく）を発信し，新たな観光客を呼びこんでいる。

チェック 解答例

山間部や瀬戸内海の島々の多くでは，過疎化が進んで〜医療や教育といった公的なサービスの提供が難しくなります。

トライ 解答例 交通アクセスのよくない地域であることを逆手にとって，インターネットなどを通じて秘境の地として情報発信をして，都市やほかの地方からの観光客を集める。

中国・四国地方をふり返ろう ●教科書 p.206

1 ①鳥取(砂丘)
　②中国(山地)
　③中国(自動車道)
　④倉敷(市)
　⑤瀬戸(大橋)

　⑥讃岐(平野)
　⑦瀬戸内(海)
　⑧瀬戸内(工業地域)
　⑨四国(山地)
　⑩高知(平野)

●教科書 p.206～207

まとめの活動 「地域サミット」の参加者になって持続可能な地域像を考えよう

みんなで
チャレンジ 解答例

(2)　記入例

〈事実〉
　交通網の整備の例
　　②高速道路の整備
　　③海上輸送　　など

〈事実〉
　通信網の整備の例
　　②携帯電話の普及

〈理由づけ(事実の解釈)〉
　・二つの地方を観光や買い物で行き来
　　する人が増えた。
　・農水産物などを，新鮮なうちに，よ
　　り短い時間で都市圏に出荷できるよ
　　うになった。
　・工業地域が形成され，工業が発達し
　　た。

〈理由づけ(事実の解釈)〉
　・多くの人が買い物などで大都市に行
　　くようになり，地方の都市や農村の
　　商業が落ち込むこともある。

〈理由づけ(事実の解釈)〉
　・インターネットを使った，高齢者で
　　も活躍できる産業を育て，町おこし
　　につながっている。

1 近畿地方をながめて

●教科書 p.210〜211

ここに注目！

1 近畿地方の地形
近畿地方には
どのような自然環境が
見られるのかな？

2 南北で大きく異なる気候
近畿地方の気候には
どのような特色が
見られるのかな？

3 中央部に集中する人口
近畿地方で，
人口が多いのは
どこかな？

? 近畿地方を大きくながめると，どのような特色が見られるのかな。

集める　解答例

・山に囲まれた盆地がたくさんある。

・険しい山やリアス海岸など，変化に富んだ地形をしている。

近畿地方には，さまざまな自然環境が広がっています。

1 近畿地方の地形　平野や盆地，山地など多様な自然環境が広がる。

①近畿地方は，中国・四国地方の東に位置し，北は日本海，西は瀬戸内海，南は太平洋に面している。

②北部の若狭湾や東部の志摩半島には，海岸線が複雑に入り組んだリアス海岸が見られる。

③北部の地形
　・なだらかな山地が広がっている。

④中央部の地形
　・日本最大の湖である琵琶湖があり，そこから大阪湾へと淀川が流れている。
　・大阪平野や播磨平野などの平野が広がる。大阪平野は近畿で最大の平野である。
　・南北にのびる山地もあり，山地の間に京都盆地や奈良盆地などの盆地が分布している。

⑤南部の地形
　・険しい紀伊山地が広がる

⑥瀬戸内海には淡路島があり，明石海峡大橋と大鳴門橋を通じて，本州や四国と結ばれている。

② 南北で大きく異なる気候

冬の季節風の影響を受ける北部と夏の季節風の影響を受ける南部。南部は多雨地域。

①北部の気候
- 冬は北西からの季節風(えいきょう)の影響で，雨や雪が多く降る。

②中央部の気候
- 北部や南部に比べて降水量が少なく，内陸の盆地では，夏の暑さと冬の冷え込みが厳しい。

③南部の気候
- 南部の黒潮(くろしお)(日本海流(にほんかいりゅう))や夏の季節風の影響で，温暖で雨が多く，年降水量が3000mmをこえる地域もある。

④南部の紀伊山地は降水量が多いため，すぎやひのきを生産する林業が盛(さか)ん。

⑤和歌山県では，温暖な気候を利用して，みかんや梅などが栽培(さいばい)されている。

⑥大阪湾や伊勢(いせ)湾の沿岸には低い土地が広がり，台風による高潮(こう)や洪水(ずい)(ひがい)の被害を受けることがあるので，堤防(ていぼう)や水門，水位(かんし)の監視システムなどを整備している。

○ 県庁所在地
---- 府県の境界

0　　　　　50km

③ 中央部に集中する人口

大阪平野を中心に，平野や盆地に人口が集まっている。

①近畿では，中央部の平野や盆地に人口が集中している。
- 近畿で最も人口が多い大阪市は，高度経済成長の時期に人口が増加したが，1960年代の後半からは減少している。

 チェック　解答例

　大阪平野をはじめとした，中央部の平野や盆地に人口が集中している。

 トライ　解答例

・都市の郊外(こうがい)や農村は，人口の少子高齢化(こうれい)によって変化が起こった。

・時代の変化による産業の盛衰(せいすい)は都市の姿の変化をもたらした。

 探究課題　近畿地方では，なぜ都市や農村の姿が変化してきたのでしょうか。

2 大都市圏の形成と都市の産業

ここに注目！

1 都市の成り立ちと郊外の広がり
近畿地方の都市はどのように広がっているのかな？

2 大都市の産業の特色
近畿地方にはどのような産業が見られるのかな？

3 都市の課題と対策
近畿地方の都市ではどのような課題があるのかな？

？ 近畿地方では，都市はどのように形成され，どのような課題があるのかな。

見方・考え方 解答例

大阪は人口が集中しており，郊外から通勤や通学をしている人も多い。大阪を中心に，神戸や京都，奈良などは，人や物の移動で強いつながりを持つ。

1 都市の成り立ちと郊外の広がり ― 大阪を中心とした大阪大都市圏と，鉄道会社による住宅地の開発。

①大阪平野には人口が集中しており，特に大阪湾沿岸には，人口の多い大都市が連なっている。

②大阪を中心に，神戸や京都，奈良などに広がる，強いつながりを持つ地域を，大阪大都市圏という。

③近畿地方では，民間の鉄道会社を中心に住宅地と商業地や行楽地とを鉄道で結び付けたまちづくりが行われてきた。

2 大都市の産業の特色 ― 阪神工業地帯と東大阪市の高い技術を持った中小規模の工場。

①大阪湾の臨海部のうめ立て地は，高度経済成長の時期から製鉄所や石油化学コンビナートが建設され，阪神工業地帯の中心地として発展してきた。

→その後，工場の移転や閉鎖が増えると，臨海部の再開発を積極的に進め，高層マンションやテーマパークなどが建設された。

②工場の密集地域である東大阪市では，優れた技術を持つ中小企業が多く，その製品は世界中に輸出されている。

チェック 解答例

大阪を中心に，神戸や京都，奈良などに広がる，人や物の移動で強いつながりを持つ地域。

3 都市の課題と対策 ― 工場から出る騒音や振動による周辺の生活環境への悪影響。

①都市にある中小工場から出る騒音や振動が，周辺の住民の生活環境に悪影響をあたえることがある。

→条例などで規制することで，問題の解決が目指されている。

トライ 解答例

高度経済成長の時期から，阪神工業地帯の中心地として発展してきたが，その後，国内や外国との競争の中で，工場の移転や閉鎖が進んだため，大阪市は臨海部の再開発を積極的に進め，高層マンションやオフィスビル，テーマパークなどが建設された。

③ ニュータウンの建設と都市の開発

ここに注目！

**1 山を切りひらいた
ニュータウン建設**
なぜ神戸市の
ニュータウンは山に
建設されてきたのかな？

**2 ニュータウンに
おける課題**
ニュータウンの
その後はどうなって
いるのかな？

**3 都市の開発と歴史
的町並み**
歴史的な町並みと
開発をどのように
調整しているのかな？

？ 近畿地方の都市にはどのような課題があり，どのような解決の取り組みが行われているのかな。

**1 山を切りひらいた
ニュータウン建設** ▶ 平地の少ない神戸市では，丘陵地をけずって
ニュータウンが建設された。

①1960年代以降，都市の中心部の<u>過密</u>によって<u>住宅</u>が不足し，各地で
大規模な<u>住宅開発</u>が始まった。
②兵庫県<u>神戸市</u>では，平地が少なく市街地の拡大が難しいため，<u>丘陵
地</u>をけずって<u>平地</u>を造り，そこに<u>ニュータウン</u>を建設し，けずった
土を<u>うめ立て</u>や<u>人工島</u>に利用した。

**2 ニュータウンに
おける課題** ▶ 建物の老朽化，住民の高齢化が課題となり，
新たな住民を呼びこむ努力をしている。

①大阪府の<u>千里</u>や<u>泉北</u>などの郊外のニュータウンでは建物の<u>老朽化</u>や
住民の<u>少子高齢化</u>が課題となっている。
②大阪市の中心部では，<u>ターミナル駅</u>の周辺の<u>再開発</u>が進められ，郊
外から中心部に移り住む動きも見られる。
③郊外のニュータウンでは，高齢者向けの<u>医療・介護</u>サービスや若い
住民を呼びこむための<u>子育て</u>環境の整備などを進めている。

**3 都市の開発と
歴史的町並み** ▶ 歴史的な町並みを保存するため，建物や看板
の規制のもとに開発が行われている。

①<u>京都市</u>では，自然環境，<u>建築物</u>，庭園など，全体の<u>調和</u>を考えなが
ら<u>町並み</u>が形づくられ，世界の人々をひきつける観光資源となって
いる。
→京都市では，町並みの景観を<u>損</u>なわないために，建物の高さや<u>デ
ザイン</u>，店の<u>看板</u>などを<u>規制</u>する<u>条例</u>を定めた。

 トライ **解答例** 神戸市は平地が少ないため，市街地の拡大のために，
海と山とを一体化した都市開発が必要であった。ニュー
タウンの建設のために丘陵地をけずって出た土を，うめ立てや人工島の建設
に利用した。

 （p.214） **解答例**
郊外の，木樹が生えて
いる土地。

 （p.215） **解答例**
大型船が停泊できる埠
頭のほか，マンションや
ショッピングセンターが
造られ，大学や最先端の
研究施設なども集められ
た。

 **解答例**
大阪府のニュータウン…
開発から50年以上たち，
建物の老朽化や住民の少
子高齢化が課題になって
います。

京都市…開発の中で歴史
的な町並みをどのように
保存するかが課題です。

第3編 第3章 日本の諸地域

4 変化する農村の暮らし

●教科書 p.216〜217

ここに注目！

1 過疎化が進む地域の課題
過疎化の進行で
どのような問題が
起こっているのかな？

2 特色を生かした山村の取り組み
地域の特色を
どのように
広めているのかな？

3 農産物の価値を高める取り組み
産業をどのようにして
地域の活性化に
つなげているのかな？

？ 近畿地方の農山村にはどのような課題があり，どのような解決の取り組みが行われているのかな。

見方・考え方 解答例

特に都市からはなれた山間部の地域で人口の減少が進んでいる。

 チェック 解答例

・病院や学校が統廃合によって～日常生活が不便になる

・住民の高齢化によって森林や田畑を維持することが難しくなっています。

 トライ 解答例

地域ブランドの「和束茶」の立ち上げによって町の知名度が上がり，茶畑の景観を生かした地域の活性化の取り組みに観光客が関心を持つようになったため。

---

1 過疎化が進む地域の課題 病院や学校の統廃合や公共交通機関の便数減など，日常生活にも影響している。

①都市からはなれた山間部や離島では，若者が都市に移り住むことで過疎化が進む地域がある。

→過疎化が進むと，行政や民間のサービスが低下し，日常生活が不便になる。住民の高齢化によって，森林や田畑の維持が難しくなっている。

2 特色を生かした山村の取り組み 都市部に暮らす人々に山村への理解を深めてもらい，村の活性化につなげている。

①奈良県川上村は，林業の衰退によって，人口が大きく減少した。

②そのため，紀の川（吉野川）の水源地であることを生かした村づくりに取り組んでいる。

・都市部に暮らす人々と交流する取り組みによって，村の活性化を図っている。

・日常生活の不便さを補うために，商店の移動販売や日用品の配送，高齢者への声かけや見守りなども行われている。

3 農産物の価値を高める取り組み 地域ブランドの立ち上げによって，農産物の価値を高める。

①宇治茶の産地の京都府の和束町では，「和束茶」として売り出す地域ブランドを立ち上げ，茶葉の加工品の開発，インターネット販売などによって，収入の増加に取り組む。和束町では，茶畑などの景観の保全によって地域を活性化する取り組みも行われている。

近畿地方をふり返ろう

●教科書 p.218

1 ①琵琶（湖）

②京都（盆地）

③阪神（工業地帯）

④淀（川）

⑤奈良（盆地）

⑥大阪（平野）

⑦伊勢（湾）

⑧志摩（半島）

⑨紀伊（山地）

⑩熊野（川）

●教科書 p.218〜219

まとめの活動 テレビ局の「ディレクター」になって近畿地方を発信しよう

みんなで チャレンジ ［解答例］

(2) 記入例（下線部）

取材候補地	地域の課題や変化	課題や変化の背景	具体的な事例・取材場所	変化後の様子など
大阪市近郊：大阪大都市圏（大阪府, 兵庫県）	住宅地不足	人口増加 人口集中	大阪市・神戸市間の開発(大正〜昭和)→住宅地, 保養地, 娯楽施設の建設 取材場所:阪神甲子園球場	鉄道網を中心にした都市圏の広がり
大阪湾臨海部：阪神工業地帯（大阪府, 兵庫県）	工場の移転や閉鎖	ほかの地域や外国の製品との競争	再開発 →高層マンション, オフィス, テーマパークなどの建設	市街地の広がり
千里ニュータウン 泉北ニュータウン（大阪府）	老朽化 少子高齢化	都市中心部の再開発	医療や介護の充実 子育てのための環境の整備 新しい住宅への建て替え 取材場所:介護施設など	若い住民を新しく呼び込むことに力を入れる。
東大阪市（大阪府）	工場の騒音や振動	工場の密集	条例で騒音や振動を規制 取材場所:中小工場	問題の解決が目指されている
神戸市（兵庫県）	市街地の拡大が困難	平地が少ない	丘陵地をけずってニュータウンを建設 けずった土を臨海部の埋め立てや人口島の建設に利用 取材場所:ポートアイランド	埠頭やマンション, ショッピングセンターが造られ, 最先端の研究施設も集められるなど発展している。
川上村（奈良県）	過疎化	林業の衰退	水源地であることを生かしたまちづくり 都市部の人々との交流 取材場所:源流地域, 役場など	村の活性化につなげる
和束市（京都府）	過疎化		地域ブランドの立ち上げ 景観の保全 取材場所:茶畑, 役場など	観光客数が増加

第3編 第3章 日本の諸地域

中部地方

―活発な産業を
支える人々の暮らし―

① 中部地方をながめて

●教科書 p.222～223

ここに注目！

1 日本の屋根	**2 三つの気候**	**3 特色ある産業**
中部地方の自然環境にはどのような特徴があるのかな？	中部地方の各地の気候はどのように分けられるのかな？	中部地方の産業にはどのような特徴があるのかな？

? 中部地方を大きくながめると，どのような特色が見られるのかな。

見方・考え方 解答例

(1)日本アルプスを中心にして，雨や雪，河川による水資源を，各地にさまざまな形でもたらしている。

(2)水資源の豊富な地域では，稲作などの多くの水を必要とする農業や用水を必要とする工業，水資源が少ない地域では，果樹栽培や畑作などの産業が発達する。

---

1 日本の屋根 ▶ 平野や盆地，山地など多様な自然環境が広がる。

①中部地方は日本列島の中央に位置し，<u>東海</u>，<u>中央高地</u>，<u>北陸</u>の三つの地域に分けられる。

②中央高地には，「<u>日本アルプス</u>」とよばれる，標高3000m前後の山が連なる。
→<u>飛驒</u>山脈，<u>木曽</u>山脈，<u>赤石</u>山脈。

③<u>富士山</u>，<u>浅間山</u>，<u>御嶽山</u>などの活火山も見られる。

④中央高地の山々によって，太平洋側と日本海側とがへだてられている。

⑤現在のような<u>交通網</u>が整備される前は，中央高地の山々が人や物の移動を難しくしていた。

⑥中部地方の河川と平野・盆地
・太平洋に流れでる河川…<u>木曽</u>川，天竜川など。
・日本海に流れ出る河川…<u>信濃</u>川，黒部川など。
・平野…<u>濃尾</u>平野，<u>越後</u>平野など。
・盆地…<u>甲府</u>盆地，<u>松本</u>盆地など。

チェック 解答例

東海，中央高地，北陸の三つの地域に分けられます。

Q なぜ，濃尾平野では輪中とよばれる堤防が築かれているのか？

A 川に囲まれた標高が低い地域があり，洪水が起こることがあるため。

2 三つの気候　東海が太平洋側の気候，北陸が日本海側の気候，中央高地が内陸性の気候。

①中部地方は，日本アルプスなどの山々が気候に影響(えいきょう)をあたえている。

・東海…太平洋側の気候。
冬は晴れて乾燥(かんそう)した日が多く，沿岸部は雪がほとんど降らない。

・北陸…日本海側の気候。
冬の日本海からふきこむ湿気をふくんだ冷たい季節風の影響で，雨や雪の日が多く，世界でも有数の豪雪(ごうせつ)地帯。

・中央高地…内陸性の気候。
冬の冷えこみが厳しく，0℃を下回る日も多い。

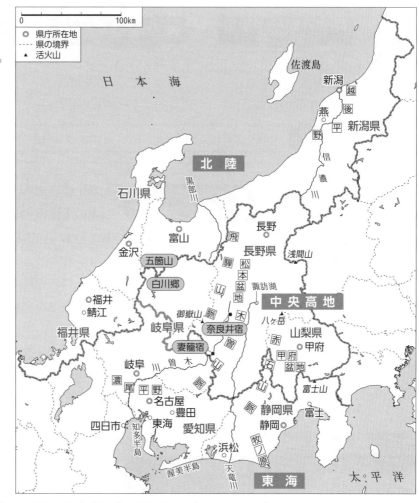

②高原地帯は標高が高いため，夏でもすずしくて過ごしやすい。

3 特色ある産業　それぞれの気候で，さまざまな産業が個性豊かな形で発達している。

①中部(ちゅうぶ)地方は，近畿(きんき)地方や関東(かんとう)地方と並んで人口が多く，工業生産額は最も高く，農業生産額も九州(きゅうしゅう)地方や関東地方に次いで高い地方である。

②地形や気候が異なる三つの地域に，さまざまな産業が個性豊かな形で発達している。

探究
課題
中部地方では，なぜ各地に個性豊かな産業が発達しているのでしょうか。

トライ　解答例

日本アルプスによってもたらされる，各地の特徴的な環境を生かして，産業が発達するため。

2 特色ある東海の産業

●教科書 p.224～225

ここに注目！

1 世界をリードする東海の工業
東海では
どのような工業が
盛んなのかな？

2 東海の工業の課題
東海の工業ではどの
ようなことが課題に
なっているのかな？

3 温暖な気候を生かした農業
東海ではどのような
農業が行われている
のかな？

? 東海で発展している産業には，どのような特色が見られるのかな。

読み取る 解答例

中京工業地帯では，機械工業が盛んで，特に愛知県全体で自動車の生産が行われている。東海工業地域では，オートバイや楽器，製紙工業が発達している。

チェック 解答例

愛知県の豊田市，東海市，三重県の四日市市，静岡県の浜松市，富士市など。

トライ 解答例

世界の自動車生産の中心地，中京工業地帯。

---

1 世界をリードする東海の工業　中京工業地帯の自動車生産をはじめとして，日本の工業の中心となっている。

①東海には，東海道新幹線や東名高速道路などの主要な交通網が通っている。

②名古屋市は周辺の都市とともに名古屋大都市圏を形成している。

③名古屋市を中心とした中京工業地帯が形成され，世界有数の工業地域となっている。

・愛知県では，現在は地域全体で自動車生産が行われている。
・伊勢湾の臨海部には，四日市市の石油化学コンビナートや東海市の製鉄所など，原料を加工する工場が集まっている。

④浜松市や富士市を中心とした東海工業地域では，オートバイや楽器の製造，富士山からのわき水を利用した製紙などの工業が発達。

2 東海の工業の課題　急速な国際化や技術革新の進展への対応が課題。

①急速な国際化や技術革新への対応。

→国際化に対応できる人材の確保や新市場の獲得，安い輸入品への対抗が課題。

3 温暖な気候を生かした農業　静岡県は牧ノ原の茶やみかんなど，愛知県は施設園芸農業での野菜や花の栽培が盛ん。

①静岡県では，牧之原の茶，沿岸部の温暖な気候を生かしたみかん，温室を利用したいちごやメロンの栽培が盛んである。

②愛知県の知多半島や渥美半島では，野菜や花の施設園芸農業が盛んで，電照菊の栽培が有名である。

③ 特色ある中央高地の産業

ここに注目！

1 土地の特色を生かした農業
中央高地ではどのような農業が盛んなのかな？

2 製糸業から発達した中央高地の工業
諏訪湖周辺の工業はどのような変化が見られるのかな？

3 観光業と持続可能な地域づくり
歴史的な家屋や町並みはどのように生かされているのかな？

？ 中央高地で発展している産業には，どのような特色が見られるのかな。

---

1 土地の特色を生かした農業 ▶ レタスやキャベツなどの高原野菜の栽培が盛ん。

①中央高地の甲府盆地や長野盆地には扇状地が広がっている。

→扇状地は水が得にくく，水田に適さないため，以前は養蚕用のくわが栽培されていた。

②現在は，りんご，ぶどう，ももなどの果樹栽培が盛んで，観光用の農園やワイナリーなども増えている。

③八ヶ岳や浅間山のふもとの高原では，暑さに弱い野菜を夏に栽培できる利点を生かして，レタスやキャベツなどの高原野菜の栽培が盛んになった。

2 製糸業から発達した中央高地の工業 ▶ 明治時代に製糸業，その後，精密機械工業が発達し，近年は電子機器の製造も盛ん。

①長野県の諏訪湖周辺では，明治時代から養蚕と製糸業が発達した。

②第二次世界大戦後は精密機械工業，1980年代からはコンピューター関連の電子機器などの製造も盛んになった。

3 観光業と持続可能な地域づくり ▶ 観光業を中心に持続可能な地域づくりに生かされる歴史的な家屋や町並み。

①中部地方には，東海道や中山道などの，東日本と西日本とを結ぶ街道が発達してきた。

②街道沿いに残された宿場町や，1995年に世界遺産に登録された岐阜県の白川郷と富山県の五箇山の合掌造り集落には，国内外から多くの観光客が訪れている。

見方・考え方 **解答例**

昼と夜との気温差が大きい内陸性の気候や水はけの良さを生かせるため。

チェック **解答例**

農業
(1)くわ
(2)りんご，ぶどう，もも

工業
(1)生糸，時計，カメラ
(2)電子機器

トライ **解答例**

製糸業から電子機器へ，時代のニーズをとらえた変化を続ける中央高地。

中部地方には，歴史的な町並みが残っています。

4 特色ある北陸の産業

●教科書 p.228〜229

ここに注目！

1 豊富な水を生かした北陸の産業
北陸では
どのような産業が
盛んなのかな？

2 雪国で育った伝統産業
なぜ北陸では
伝統産業が
盛んなのかな？

? 北陸で発展している産業には，どのような特色が見られるのかな。

チェック 解答例

・北陸は冬の降雪量が多く，〜早場米の産地として有名です。

・北陸では豊富な雪解け水を利用して，〜その電力に支えられた産業も発展しました。

・雪におおわれて農業ができない冬の期間を利用した，農業以外のさまざまな産業も発達しました。

農業ができない冬の時期に，伝統産業や地場産業が発達しました。

トライ 解答例

米だけじゃない，伝統を引き継ぐ個性豊かな北陸の地場産業。

---

1 豊富な水を生かした北陸の産業　全国的な稲作地帯と，豊富な水を生かしたアルミニウム工業。

①北陸では，古くから稲作が重要な産業であった。

→1950年代からの国の土地改良事業で，北陸は日本を代表する水田地帯になった。

②北陸は冬の降雪量が多く，冬は耕作をせず，一年を通して稲作だけを行う点が特徴で，早場米の産地として有名である。

③日本で最も多く生産されているコシヒカリなど，銘柄米の産地でもある。

④新潟県は米を原料にした米菓や切餅，日本酒の製造も盛んである。

⑤富山県や新潟県のチューリップの球根栽培や，石川県の砂丘での野菜栽培も有名である。

⑥黒部川流域に水力発電所が造られ，アルミニウム加工と，ファスナーやサッシ生産などの関連産業が発展した。

2 雪国で育った伝統産業　農業ができない冬の時期に，さまざまな産業が発達した。

①北陸では，冬の期間を利用した農業以外のさまざまな産業も発達した。

・小千谷ちぢみや輪島塗，高岡銅器，越前和紙などの伝統産業や，富山の製薬や売薬などの地場産業が現在も盛んである。

・福井県鯖江市の眼鏡フレームの製造は国内生産の90％，世界の生産量の20％をしめる。

・新潟県燕市は金属加工技術を基に，洋食器や金属製品の生産が盛んで，近年では，車いすなどの福祉用品の開発なども行っている。

中部地方をふり返ろう

● 教科書 p.230

1 ①越後（平野）

②信濃（川）

③飛騨（山脈）

④若狭（湾）

⑤甲府（盆地）

⑥濃尾（平野）

⑦富士（山）

⑧中京（工業地帯）

⑨豊田（市）

⑩東海（工業地域）

「博覧会」のポスターを作ろう

● 教科書 p.230〜231

みんなで
チャレンジ　解答例　(2)　それぞれの地域を代表する産業の具体的な生産物やサービスの例

東海

- 工業…豊田市の自動車／東海工業地域のオートバイや楽器，紙
- 農業…静岡県牧ノ原の茶／静岡県の沿岸部のみかん，いちご，メロン／キャベツなどの野菜や花

中央高地

- 農業…甲府盆地や長野盆地のりんご，ぶどう，ももなどの果樹／山梨県のワイン，ぶどう／高原の高原野菜
- 工業…長野県の諏訪湖周辺の精密機械，コンピューターなどの電子部品
- 観光業…妻籠宿や奈良井宿などの宿場町／岐阜県の白川郷や富山県の五箇山の合掌造り

北陸

- 農業…米（早場米や品種改良の米）／富山県や新潟県のチューリップの球根／石川県の砂丘の野菜
- 工業…富山県のアルミニウムやサッシ／福井県鯖江市の眼鏡フレーム／新潟県燕市の洋食器，電子部品，自動車部品，ゴルフ用品，アウトドア用品，福祉用品
- 伝統産業…小千谷ちぢみ／輪島塗／高岡銅器／越前和紙
- 地場産業…富山の薬

1　関東地方をながめて

●教科書 p.234～235

ここに注目！

1 関東地方の地形と気候
関東地方の自然環境にはどのような特徴があるのかな？

2 関東地方の人口と産業
関東地方にはどのくらいの人が生活しているのかな？

3 日本の交通と通信の中心・東京
関東地方の交通網・通信網はどのような特徴があるのかな？

? 関東地方を大きくながめると，どのような特色が見られるのかな。

見方・考え方　**解答例**

ほかの地方よりも人口が多く，大消費地になっている。

チェック　**解答例**

関東地方は本州の中央部に位置し，日本最大の関東平野が面積の約50%をしめており，北部には越後山脈や阿武隈高地が，西部には関東山地が連なります。関東平野には流域面積が日本最大の利根川をはじめ，荒川や多摩川などが流れ，川沿いの広大な低地には水田が広がります。川の侵食でできた台地は，箱根山や富士山などの火山灰が堆積した，関東ロームとよばれる赤土におおわれ，多くが畑作地帯になっていますが，東京の都心に近づくと，住宅や工場などが増えてきます。

1 関東地方の地形と気候

日本最大の関東平野と火山灰が堆積した関東ローム。平野には流域面積最大の利根川。

①関東地方は本州の中央部に位置し，日本最大の関東平野が面積の約50%をしめている。

②北部には越後山脈や阿武隈高地がある。

③西部には関東山地が連なる。

④関東平野には流域面積が日本最大の利根川をはじめ，荒川や多摩川などが流れ，川沿いの広大な低地には水田が広がる。

⑤川の浸食でできた台地は，箱根山や富士山などの火山灰が堆積した，関東ロームとよばれる赤土におおわれ，多くが畑作地帯になっている。

⑥関東の内陸部の冬は，からっ風とよばれる冷たい北西の季節風がふき，乾燥している。

⑦夏は高温で蒸し暑く，山沿いを中心に雷雨が多く発生する。

⑧南部の海沿いは，黒潮（日本海流）の影響で冬でも比較的温暖である。

⑨東京都や周辺部では，気温が周囲よりも高いヒートアイランド現象が見られる。

⑩大きなビルの周辺で強風がふいたり，日光がさえぎられたりするといった，都市に特有の現象も見られる。

関東地方の面積の約50%を関東平野がしめています。

2 関東地方の人口と産業

日本の人口の3分の1が生活しており，東京を中心に東京大都市圏を形成している。

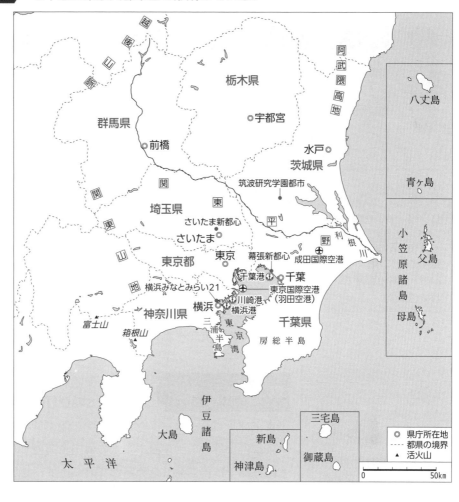

① 関東地方は，日本で最も人口が多い地方で，日本の人口の約3分の1が生活している。

② 特に人口の多い，東京，神奈川，埼玉，千葉の4都県は東京大都市圏を形成しており，商業やサービス業などの第三次産業が発達している。

③ 臨海部には京浜工業地帯や京葉工業地域が広がり，内陸部にも工業地域が分布している。

④ 関東の台地では畑作が盛んで，都市部に野菜を出荷する近郊農業が行われている。

3 日本の交通と通信の中心・東京

東京を中心に国内外につながる交通網と東京に集中する情報通信業。

① 関東には，東京を中心に，新幹線や高速道路が放射状に走り，東京国際空港（羽田空港）や成田国際空港は日本や世界の各地とつながっている。

② 東京湾の沿岸の貿易港も，世界の各地と結び付いている。

③ インターネット関連企業やテレビ局などの，情報通信業は，東京都に集中している。

探究課題 関東地方には，なぜ他地域との強い結び付きが見られるのでしょうか。

トライ 解答例

・東京を中心に，さまざまな交通網によって，国内外と結ばれており，人々の移動が活発なため。

・情報が集まる中心地のため，それを求めて人々が集まるため。

・多くの人口が集中しているので，食料となる農産物が各地から集まってくるため。

2 世界と結び付く東京

ここに注目！

1 日本の中心都市・東京
首都である東京にはどのようなものが集まっているのかな？

2 世界都市・東京
世界の国々とはどのように結び付いているのかな？

3 世界への玄関口の関東地方
なぜ関東地方は世界への玄関口とよばれるのかな？

 東京には，世界各地とどのような結び付きが見られるのかな。

読み取る 解答例

世界の各地域と日本を結んでおり，特に主要な都市とは多くの便で結ばれている。

1 日本の中心都市・東京　政治の中枢機能をはじめ，企業の本社，百貨店などの商業施設などが集中する。

①首都の東京には，国の政治の中枢機能が集中している。

②世界中から膨大な情報が集まるため，金融機関や情報通信産業など，多くの企業の本社や本店が集中。

　→経済や情報の中心都市。

③商業施設や文化や教育の関連施設も集中し，多くの人が東京に集まる。

2 世界都市・東京　外国の大使館や企業の事務所などを通じて世界の国々と結び付いている。

①東京は，ニューヨークやロンドンと並ぶ世界都市である。

②東京には外国の大使館や多くの外国企業の事務所がある。

③臨海部では再開発も進められており，オリンピック・パラリンピックをきっかけに，いっそうの発展が期待されている。

見方・考え方 解答例

国内の結び付きだけではなく，外国の大使館や外国の企業などが多く集まっており，世界の国々と結び付いているため。

3 世界への玄関口の関東地方　成田空港などの空港や，横浜港などの貿易港などを通じて人や物の移動が活発。

①東京を中心とする関東は，世界と日本とを結ぶ日本の玄関口といえる。

　→成田国際空港や東京港，横浜港などは，日本有数の貿易港で多くの商品が輸出入されている。

②さまざまな目的で多くの外国人が集まる東京は，都道府県別の在留外国人数が第1位で，全国の在留外国人数の約20％が集まっている。

チェック 解答例

政治の中枢機能や，外国の大使館，多くの企業の本社や本店，商業施設などが集中しており，国内外から多くの人々が，さまざまな目的で集まる。

トライ 解答例　東京には外国の大使館や，外国企業の事務所などが集中しており，多くの外国人が仕事や観光，留学といったさまざまな目的で訪れる。東京を中心とする関東は，人の移動，貿易において，世界と日本とを結ぶ日本の玄関口となっている。

③ 東京を生活圏とする人々の暮らしと交通

●教科書 p.238〜239

ここに注目！

■1 東京大都市圏の拡大	■2 通勤・通学圏の広がりと課題	■3 充実した観光産業
なぜ東京大都市圏は急速に拡大したのかな？	通勤・通学圏の拡大によってどのような課題が生じたのかな？	関東地方にはどのような観光地があるのかな？

？ 東京大都市圏では，どのような結び付きが見られるのかな？

■1 東京大都市圏の拡大
東京への人口流入が急増したため，地価の上昇や住宅不足から，郊外の開発が進んだ。

①第二次世界大戦後には，地方から東京への人口の流入が急増し，人口の集中が進んだ。

②都心部の地価の上昇や，住宅地不足にともない，郊外へと延びる鉄道沿線の住宅開発が進む。

→通勤・通学で強い結び付きを持つ東京大都市圏が急速に拡大した。

■2 通勤・通学圏の広がりと課題
朝夕の時間帯には通勤・通学ラッシュとよばれる混雑が起こっている。

①郊外の多くの都市では，昼間人口が夜間人口よりも少ない。

→都心のターミナル駅では通勤・通学ラッシュの混雑が起こっている。

②神奈川県の横浜みなとみらい21，千葉県の幕張新都心，埼玉県のさいたま新都心への都市機能移転や，筑波研究学園都市への大学・研究機関の移転の動きも見られた。

③高速道路などの整備も行われてきた。

④都心部の再開発も進み，東京駅や品川駅，六本木，汐留周辺などの商業施設や，東京湾臨海部の高層マンションの開発が行われてきた。

■3 充実した観光産業
交通網が整備された関東には，東京ディズニーリゾートのような娯楽施設などがある。

①関東には，東京ディズニーリゾートやお台場海浜公園，浅草，横浜中華街といった多くの人々が訪れる観光地がある。

トライ 解答例

　都心部から郊外に延びる鉄道は，都心部への通勤・通学の交通手段としての機能を果たし，国内外からの観光客の移動手段としても重要な役割を果たしている。

読み取る 解答例

　朝の通勤時間帯に多くの人が乗車しようとしていることから，東京方面に向かう電車だと考えられる。

見方・考え方 解答例

　都心部は企業や学校が集中しており，郊外から都心部へ通勤・通学する人々が多くいるため。

チェック 解答例

　都心と郊外とを結ぶ鉄道が集まる

第3編 第3章 日本の諸地域

4 関東地方の多様な産業

ここに注目！

1 東京湾岸と北関東の工業地域

関東地方にはどのように工業地域が広がっているのかな？

2 大消費地と農業

関東地方ではどのような農業が盛んなのかな？

? 関東地方は，日本各地や世界と，産業の面でどのように結び付いているのかな。

見方・考え方　解答例

横浜港などの貿易港を通して，船舶でエネルギー源や資源を外国から輸入している。高速道路や鉄道などを利用して，全国からさまざまな商品が集まっている。

チェック　解答例

・場所…物流センターや卸売市場／交通網…空路，高速道路，鉄道

・場所…横浜港や川崎港，千葉港／交通網…船舶

トライ　解答例

大消費地である東京大都市圏向けの農作物が必要なため，近郊農業などの農業が盛んになった。また，横浜港をはじめとした貿易港から輸入した資源を活用した重化学工業などが盛んになった。

---

1 東京湾岸と北関東の工業地域

東京湾の臨海部には京浜地帯や京葉工業地域，内陸部には北関東工業地域が広がる。

①関東では，空路や高速道路，鉄道などを利用して，全国各地との間で，人や物の移動が活発に行われている。

②東京湾の臨海部には，横浜港や川崎港，千葉港などの貿易港があり，鉱産資源や農作物などが多く輸入されている。

→臨海部にはこうした原材料を利用する石油化学コンビナートや製鉄所，火力発電所，製粉工場などの大工場が立ち並び，京浜工業地帯や京葉工業地域を形成している。

③内陸部には，機械や食品加工，印刷などの工場が多く見られ，北関東工業地域を形成している。

→北関東工業地域には，日系ブラジル人が多く住む群馬県大泉町のように，工場への外国人労働者の受け入れに積極的な市町村もある。

2 大消費地と農業

都市向けの野菜を出荷する近郊農業や，山間部の冷涼な気候を生かした高原野菜の栽培。

①関東地方では近郊農業が盛んで，千葉県や茨城県，群馬県では多くの野菜が生産されている。

②大消費に近い条件を生かした畜産も盛んである。

③栃木県ではかんぴょう，群馬県ではこんにゃくなどの工芸作物も生産されている。

④群馬県の嬬恋村などの周辺の山間部では，冷涼な気候を生かしたキャベツなどの高原野菜の栽培も行われている。

⑤房総半島や三浦半島では，温暖な気候を利用して野菜や生花が生産されている。

| 基礎・基本のまとめ | 関東地方をふり返ろう | ●教科書 p.242 |

1 ①越後（山脈）
②関東（山地）
③三浦（半島）
④関東（平野）
⑤荒（川）

⑥東京（湾）
⑦霞ヶ浦
⑧利根（川）
⑨成田国際（空港）
⑩房総（半島）

●教科書 p.242～243

| まとめの活動 | 多数の「帰宅難民」が生まれた理由を考えよう |

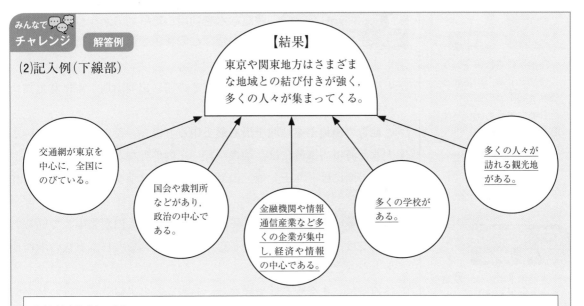

みんなで チャレンジ　解答例

(2)記入例（下線部）

【結果】
東京や関東地方はさまざまな地域との結び付きが強く，多くの人々が集まってくる。

交通網が東京を中心に，全国にのびている。

国会や裁判所などがあり，政治の中心である。

金融機関や情報通信産業など多くの企業が集中し，経済や情報の中心である。

多くの学校がある。

多くの人々が訪れる観光地がある。

(4)原因分析の例

東日本大震災で，多くの「帰宅難民」が発生したのは，東京や関東地方が，政治や産業などのさまざまな分野の中心となっていたり，学校なども多くあったりして，人口の多くが集中しているため，交通機能が止まってしまうと多くの人が移動できなくなることにつながってしまったためである。また，交通網が動き出しても，1度に多くの人が移動することは難しいため，多くの帰宅難民が発生してしまうだろう。

(5)対策案の例

「帰宅難民」をなくすためには，東京にある機能を地方に分散させる。

第3編 第3章　日本の諸地域

1 東北地方をながめて

●教科書 p.246〜247

ここに注目！

1 東北地方の地形と人々

自然環境の特色は産業とどのように結び付いているのかな？

2 東北地方の気候と人々

東北地方の気候にはどのような特色があるのかな？

？ 東北地方を大きくながめると，どのような特色が見られるのかな。

見方・考え方 解答例

庄内平野や秋田平野などの平地では，山地から流れる河川の豊富な水を得られ，気候も米作りに適しているため。

---

1 東北地方の地形と人々 豊富な水を利用した平地の米作りとリアス海岸や潮境などの特色を背景とした漁業。

①東北地方は本州の最も北に位置する。

②中央に奥羽山脈が南北に連なり，その西に出羽山地，東に北上高地が延びている。

③これらの山地から，北上川や最上川などの大きな川が流れ出ている。

④大きな河川の下流には，仙台平野，庄内平野などの平野が広がる。

⑤山地の間には，北上盆地，山形盆地，会津盆地などの盆地が見られる。

⑥山地が多い東北地方では，平野や盆地などに人口が集中している。

⑦平地では，豊富な水を利用した米作りが盛んで，日本有数の米作地帯となっている。

⑧盆地では，さくらんぼや洋なし，ももなどの果樹栽培が行われている。

⑨北上高地の東の三陸海岸では，海岸まで山や谷がせまり，入り江が連なるリアス海岸が形成されている。

→リアス海岸の湾内…波が小さくおだやかで，こんぶやわかめ，かきの養殖が盛ん。

⑩三陸海岸の沖には，寒流と暖流とがぶつかる潮境があり，多くの魚が集まる漁場となっている。

⑪太平洋沿岸には，八戸港や気仙沼港といった，日本有数の漁港が集まっている。

チェック 解答例

・東北の平地では，豊富な水を利用した米作りが盛んで，日本有数の米作地帯です。一方，盆地では，さくらんぼや洋なし，ももなどの果樹栽培が行われています。

・波が小さくおだやかなリアス海岸の湾内では，こんぶやわかめ，かきの養殖が盛んです。三陸海岸の沖には，寒流と暖流とがぶつかる潮境があり，多くの魚が集まる漁場になっています。

② 東北地方の気候 と人々

奥羽山脈を境界とした，日本海側の気候と太平洋側の気候とに分かれる。

① 東北地方の気候は，中央に連なる奥羽山脈を境界にして，日本海側と太平洋とで大きく異なる。

② 東北地方の気候の特色

日本海側の夏
晴天の日が多く気温も高くなる。

太平洋側の夏
やませとよばれる冷たく，しめった北東の風がふき出すことがあり，夏でも気温が上がらない日が続くことがある。

日本海側の冬
北西の季節風と対馬海流の影響を受けて，雨や雪が降りやすくなる。

太平洋側の冬
雪が少なく，晴天が続く。

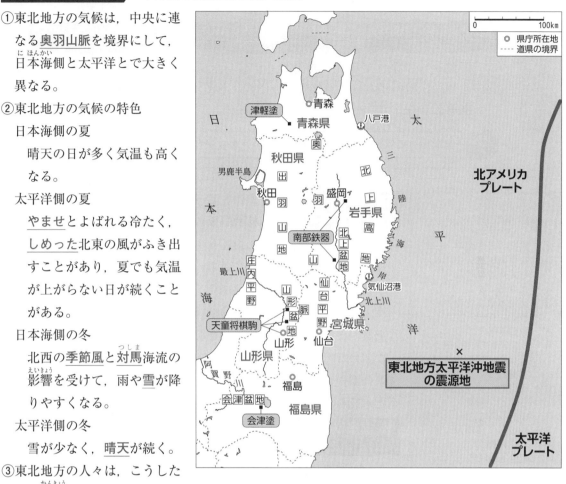

③ 東北地方の人々は，こうした自然環境の中で生活するために，それぞれの地域の風土に合った，特色のある衣食住や産業を生み出し，大切な生活の知恵を受けついできた。

Q なぜ，やませによって，気温が上がりにくくなるのか。
A やませがもたらす冷気や，霧による日照不足のため。やませの影響などで冷夏になると，米の収穫量が大幅に減少することがある。

探究課題 東北地方では，なぜ伝統的な生活・文化を守り，継承する動きが見られるのでしょうか。

 トライ　解答例

・古くから自然の特色を生かした産業が発達しているので，人々はそれらを守る気持ちが強いため。

・農業などの産業と祭りなどの文化とが一体となって育まれてきたため。

② 祭りや年中行事の伝統とその変化

●教科書 p.248～249

ここに注目！

1 いましめと祝いの民俗行事
東北地方にはどのような伝統行事があるのかな？

2 農家の生活と結び付いた夏祭り
東北地方の祭りはどのように変化しているのかな？

3 気候に応じた食文化
なぜ東北地方では漬け物が作られてきたのかな？

？ 東北地方には，どのような伝統的な生活や文化が受けつがれているのかな。

 考える 解答例

8/1 盛岡さんさ踊り
8/2 東北新幹線で盛岡から新青森に移動
　　青森ねぶた祭
8/3 奥羽本線で青森から秋田に移動
　　秋田竿燈まつり
8/4 秋田新幹線で秋田から福島に移動
　　福島わらじまつり
8/5 山形新幹線で福島から山形に移動
　　山形花笠まつり
8/6 仙山線で山形から仙台に移動
　　仙台七夕まつり

 チェック 解答例

・豊作

・豊漁

 トライ 解答例

　東北地方の伝統行事は，稲作や畑作などと結び付いて，農家の行事として行われてきたが，近年の祭りなどは観光資源としての役割が強くなってきている。

---

1 いましめと祝いの民俗行事
　豊作を願う春祭りや，収穫を祝って感謝する秋祭りなど，農業と結び付いた行事。

①東北の各県には，地域の自然や生活，文化が強く反映された伝統的な民俗行事が受けつがれている。

②秋田県男鹿半島の，鬼にふんした住民が家々を回る「男鹿のナマハゲ」は国の重要無形民俗文化財に指定されている。

③農業が盛んな東北には，豊作を願ったり，収穫を祝ったりする祭りなどの伝統行事が残っている。

④農作業に合わせて行われる年中行事や，田の神，山の神への信仰なども見られる。

2 農家の生活と結び付いた夏祭り
　地域の伝統に根差しながら，観光資源としての役割が強くなってきている。

①東北の各県では，8月上旬のほぼ同じ時期に，大規模な夏祭りが行われる。

②秋田市で開かれる竿燈まつりは，提灯を米俵に見立てて練り歩き豊作をいのる祭り。

　→こうした祭りは，地域の伝統に根差しながら，近年では観光資源としての役割が強くなっている。

3 気候に応じた食文化
　雪が降り積もる冬には外出が難しかったため，保存食として漬け物が作られてきた。

①東北では，さまざまな漬け物が保存食として作られてきた。

　→特に日本海側では，雪が降り積もる冬の外出が難しかったため，秋田県のいぶりがっこのような，地域で収穫される農作物の漬け物が作られてきた。

③ 伝統工芸品の生産・販売とその変化

ここに注目！

1 地域の資源と結び付いた伝統工芸
なぜ，東北地方では伝統工芸が発展してきたのかな？

2 世界の市場と結び付いた伝統工芸
伝統工芸はどのように変化しているのかな？

3 社会の変化と結び付いたものづくり
東北地方の産業にはどのような変化が見られるのかな？

？ 東北地方の伝統産業はどのように成立し，変化しているのかな。

1 地域の資源と結び付いた伝統工芸

伝統工芸は，農業のできない冬の仕事として発展してきた。

①東北地方では，雪におおわれて農作業ができない冬に，こけしや家具，漆器，鉄器などの工芸品が作られてきた。

②津軽塗（青森県）や会津塗（福島県），天童将棋駒（山形県）などは，国の伝統的工芸品に指定されている。

③大量生産で値段の安い製品や輸入品の影響で，売り上げが落ちこむ伝統的工芸品も多く見られる。

2 世界の市場と結び付いた伝統工芸

生活様式や好みの変化に対応して，世界にも広がる伝統工芸。

①新しい発想を取り入れた伝統的工芸品を作る取り組みも行われている。

→鉄瓶や茶釜で有名な南部鉄器は，近年では，若者向けの新しいデザインの鉄瓶を造ったり，ガスコンロや電子調理器にも対応した製品を造ったりすることで，国内だけでなく，海外への出荷も増やしている。

3 社会の変化と結び付いたものづくり

社会の変化や交通網の整備によって進む工業化。

①福島県会津若松市では，地場産業として漆器作りや酒造りが行われていた。

②第二次世界大戦後，阿賀野川の豊かな水や労働力などを求めて，精密機械や電子部品などの工場の進出が進んだ。

③高速道路が整備されると，半導体や自動車などを造る工場が集まる工業団地が造られた。

考える 解答例

・農作業のできない冬に，家の中でできる仕事として発展してきたもののため，手作りの製品であることが共通している。

・まだ交通網が整備される前から発展してきた産業のため，地域でとれる材料や資源を利用した製品であることが共通している。

チェック 解答例

雪におおわれて農作業ができない冬

トライ 解答例

大量生産品にはないデザイン性をもった製品や，現代の生活に合った使い方ができる製品を開発し，生活様式や好みの変化に対応することで，販売の範囲を国内外に広げている。

第3編 第3章 日本の諸地域

過去の継承と未来に向けた社会づくり

●教科書 p.252〜253

ここに注目！

1 くり返す地震や津波の被害
なぜ，東北地方では地震や津波の被害が多いのかな？

2 教訓を伝え，引きつぐ
津波の被害をどのようにして伝え残しているのかな？

3 新しいまちや社会をつくる
どのようにして災害に強いまちづくりを進めているのかな？

? 東北地方では，東日本大震災の経験や，過去の災害の教訓を，どのように生かそうとしているのかな。

読み取る **解答例**

大津波の被害が忘れ去られることがないように，津波の被害を受けたこの地点よりも低い場所に家を建てることを禁じ，家族や子孫の幸せのために高台に住居を建てることを伝えている。

チェック **解答例**

津波などの被害の範囲(はんい)を示す石碑や，災害時の心構えを伝える言葉が伝え残されてきている。

トライ **解答例**

豪雨で河川の決壊が起こった現場近くに，石碑が建てられている。ハザードマップを確認(かくにん)したり，実際に洪水(こうずい)で浸水(しんすい)した地域を調べたりして，洪水が起きたときにどこに避難(ひなん)するのがよいのか，あらかじめ自分で考えておくことが必要だと思った。
(※2015年の関東・東北豪雨で茨城県常総市の鬼怒川の堤防が決壊した地に建てられた石碑を想定した解答例です)

---

1 くり返す地震や津波の被害　太平洋沖のプレートの境界を震源とした地震。

①太平洋沖の北アメリカプレートと太平洋プレートの境界では，地震(じしん)や津波(つなみ)がくり返し発生し，沿岸に被害をあたえてきた。
　→2011年3月11日の東北地方太平洋沖地震も，こうした地震の一つ。
②日本海(にほんかい)側も，1983年の日本海中部地震など大きな地震が起こっている。

2 教訓を伝え，引きつぐ　津波の被害を教訓として伝える碑と心構えを伝える言葉。

①岩手県宮古(みやこ)市の姉吉(あねよし)地区には，多くの犠牲者(ぎせいしゃ)が出た明治三陸(さんりく)地震や昭和三陸地震で起こった津波の経験をふまえて石碑(せきひ)が建てられ，被害の経験を記録として残し，記憶を引きつぐ役割を果たしている。
②東北では，「津波てんでんこ(津波が来たら，各自でにげる)」のように，伝統的な言葉に，経験から新しい意味を加えて引きつがれている言葉もある。

3 新しいまちや社会をつくる　道路や堤防などの強度を高め，一人一人の防災意識を高める取り組みを行っている。

①津波の被害をさけるためには，標高の高い所に移り住むことが効果的だが，先祖代々暮らしてきた土地から移動することが難しいこともある。
②東日本の被災(ひさい)地では，災害に強いまちづくりを進めるだけではなく，一人一人の防災意識を高める取り組みも行われている。

津波の被害を教訓として後世に伝えています。

1 ①白神（山地）　　　　⑥会津（盆地）
　②出羽（山地）　　　　⑦奥羽（山脈）
　③最上（川）　　　　　⑧北上（高地）
　④庄内（平野）　　　　⑨三陸（海岸）
　⑤山形（盆地）　　　　⑩仙台（平野）

まとめの活動　NPOを設立して，東北地方を活性化する
「イベント」を企画しよう　●教科書 p.254〜255

みんなで チャレンジ　解答例

(2)伝統的な生活・文化の記入例（下線部）

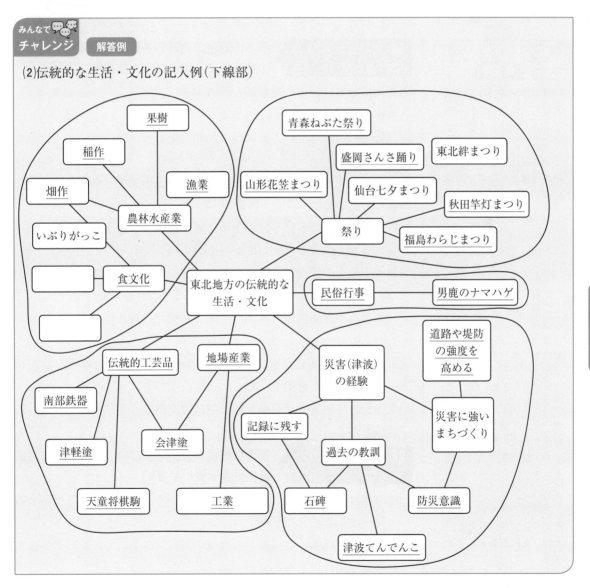

1 北海道地方をながめて

● 教科書 p.234〜235

ここに注目！

1 北海道地方の地形と人々
北海道地方の地形にはどのような特徴があるのかな？

2 北海道地方の気候と人々
北海道地方の気候にはどのような特徴があるのかな？

? 北海道地方を大きくながめると，どのような特色が見られるのかな。

読み取る 解答例

(1)北海道地方の年平均気温は，他の都市に比べて低く，冬の寒さが厳しい。

(2)北海道地方は，日本の他の地域と異なり，冷帯に属している。

チェック 解答例

・北海道は冷帯に属し，夏は短く冬が長いのが特徴です。

・太平洋側では，夏は南東からふく水分の多い季節風が寒流の影響で冷やされ，沿岸部で濃霧が発生します。

・北東部のオホーツク海沿岸では，冬になると，北から流氷が流れてきます。

---

1 北海道地方の地形と人々
日本の面積の約20％をしめる。南北に連なる山地を境に，東西に広大な平地が広がる。

①北海道地方は日本の最北端に位置する。

②本州との間には津軽海峡がある。

③北海道の面積は，日本の面積の約20％をしめ，四国の約４倍以上である。

④北海道地方の中央部には，北見山地，日高山脈などの山地が南北に連なっている。

→山地の西には石狩平野や上川盆地，東には十勝平野や根釧台地といった，広大な平地が広がっている。

⑤北海道地方の活火山…国後島の爺爺岳，知床半島の羅臼岳，有珠山などがある。

・洞爺湖や屈斜路湖…過去の巨大な噴火で造られたカルデラに水がたまってでてきた湖。

・富良野盆地周辺の丘陵や，東部の根釧台地は火山の噴出物が積もってできた地形である。

⑥北海道の特色ある地形や景観の中には，国立公園に指定されている地域もある。

2 北海道地方の気候と人々
寒冷な気候や火山活動といった厳しい自然環境の影響を受けやすい。

①北海道は冷帯に属しており，夏は短く，冬が長いという特徴がある。

・夏…すずしく過ごしやすい。

・冬…厳しい寒さで，大半の地域で最高気温が０℃未満の真冬日が，年間で30日以上ある。

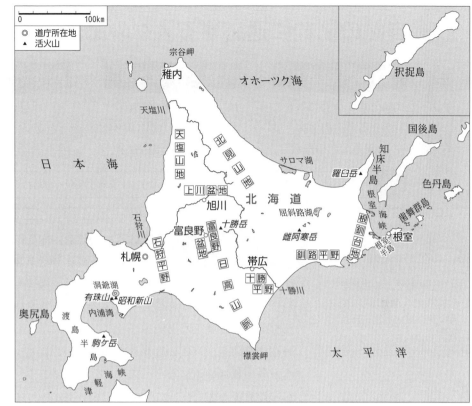

→内陸部の地域では，気温が−20℃を下回ることもある。

②南北に延びる山地を境に，東西で気候のちがいが見られる。

・日本海側（にほんかい）…冬は暖流の影響（えいきょう）で水分を多くふくんだ北西の季節風が多くの雪を降らせる。

・太平洋側…夏は南東からふく水分を多くふくんだ季節風が寒流の影響で冷やされ，沿岸部で濃霧（のうむ）が発生する。

③北東部のオホーツク海（かい）沿岸…冬には，北から海に流氷が流れてくる。

　→流氷が広がる期間は漁業ができない。この間，流氷により海水の中の栄養分がかき混ぜられ，豊な漁場が生まれていると考えられている。

④以上のように，北海道は気候や火山活動などの厳しい自然環境（かんきょう）の影響を受けやすい地域である。

⑤アイヌの人々…北海道地方の先住民族。この土地の自然に根差した生活や文化を確立してきた。

　→明治時代以降に進んだ開拓（かいたく）で，農作物の生産が増える一方，アイヌの人々は住む場所をうばわれてきた。

⑥北海道は日本有数の食料生産地となり，また，自然を生かした観光地となっている。

 探究課題　北海道地方では，なぜたくさんの農産物を出荷（しゅっか）したり，観光客をひき付けたりしているのでしょうか。

 トライ　[解答例]

農産物…広大な土地を利用した大規模な農業が行われており，また，品種改良や土地の改良，排水施設（しせつ）などの整備も行われてきたため。

観光客…特色ある地形や景観，気候が観光客をひき付けている。

2 自然の制約に適応する人々の工夫

ここに注目！

1 寒さと生きる
冬の寒さや雪の中で生活するための工夫とはどのようなものかな？

2 火山と生きる
噴火をくり返す火山が多い中で，どのような取り組みが行われているのかな？

3 豊かな海のめぐみ
北海道では，どのような漁業が行われているのかな？

? 北海道地方の自然環境の中で，人々はどのような工夫をしながら暮らしているのかな。

考える 解答例
道路の端であることを示している。雪が積もっても道路の幅や位置がわかる。

チェック 解答例
住宅では，寒さを防ぎ，室内の暖かさを外へにがしにくいなどの工夫がされ，外では雪を解かすロードヒーディング，また，縦型の信号機やとがった看板など，雪が積もらないように工夫されている。

トライ 解答例
火山の噴火が起こる洞爺湖や有珠山周辺は，世界ジオパークに認定され，環境や防災について学べる観光地として，地域の活性化につながっている。また，北海道周辺の海では漁業が盛んで，漁業では漁獲量が日本一となっている。

---

1 寒さと生きる
家では寒さを防ぎ，熱をにがさない工夫がされ，道路では雪を解かす工夫がされている。

①住宅に見られる工夫…断熱材が入った壁，暖房用の燃料を入れる石油タンク，二重とびらの玄関，二重の窓，雪を排出するために中央部を低くした屋根など。
→寒さを防ぎ，室内の暖かさを外へにがしにくいなどの工夫。
②雪が多い地域の道路など…ロードヒーディング，縦型の信号機，とがった看板など。
→雪が積もらないための工夫。
③札幌には広い地下街がある。

2 火山と生きる
情報の発信や砂防ダムの設置，防災マップ活用の避難訓練などで被害を減らしている。

①北海道には大きな噴火をくり返す火山が多くある。2000（平成12）年の有珠山の噴火では，洞爺湖温泉などの地域に大きな被害を与えた。
→住民の日頃の訓練，避難情報の発信，砂防ダムの設置，防災マップ（ハザードマップ）を活用した避難訓練の徹底などで被害を減らすことができた。
②洞爺湖や有珠山周辺はユネスコ世界ジオパークに認定。

3 豊かな海のめぐみ
都道府県別の漁獲量が日本一。近年はほたてやうになどの養殖が増えている。

①北海道は都道府県別の漁獲量が日本一。
②昭和時代まではにしん漁が盛ん。小樽は経済的な拠点として発展。
③にしんの水あげ量が減ると，かに，すけとうだら，さけ，ほっけの漁が盛んになった。近年はほたてやうになどの養殖が増えている。
④根室や釧路はロシアの漁船も立ち寄り，取り引きが行われている。
→北方領土の領土問題により，漁場や操業権をめぐる緊張関係も続く。

③ 自然の制約や社会の変化を乗りこえる

1 拡大する稲作地域
北海道地方で稲作は
どのように
発展してきたのかな？

2 大規模化する畑作や酪農
北海道では
どのような農業が
行われているのかな？

3 国際競争と地産地消
北海道の人々は
国際競争と地産地消を
どう考えているのかな？

？ 北海道地方の農業は，自然環境や社会の変化をどのように乗りこえているのかな。

---

1 拡大する稲作地域
品種改良をしたり，土地を改良したり，排水設備を整えたりして発展してきた。

①北海道の土地は，もともと稲作に向かない土地だった。

→さまざまな努力で稲作を発展させた。

・寒さに強い稲を生む品種改良。

・泥炭地に稲作に適した土を入れる客土を行って土地を改良。

・排水施設を整備した。

②石狩平野をはじめ，北海道は日本有数の米の生産地になった。

2 大規模化する畑作や酪農
十勝平野の畑では，輪作が取り入れられている。また，根釧台地とともに酪農も盛ん。

①北海道では，農家一戸あたりの耕地面積が全国平均と比べて広い。

②十勝平野は低地とローム層でおおわれた台地とで成り立っている。

・畑では小麦やてんさい，じゃがいも，小豆などの生産が盛んである。

・多くの畑では，異なる作物を順番に作る輪作を取り入れている。

③十勝平野や根釧台地では酪農が盛んである。

・北海道の農家一戸あたりの乳牛の飼育頭数は全国有数。

・乳牛からしぼった生乳は地域の乳製品の工場で，主にバターやチーズに加工される。

④農作物や乳製品は東京など大都市をはじめ，全国各地に出荷される。

3 国際競争と地産地消
農家の人たちは，安い輸入品に対抗した農作物の生産に力を入れている。

①安い外国産の農作物に対抗した農作物の生産に力を入れている。

・食の安全に配慮した，安心して食べられる農作物の生産。

・北海道産の農作物の証明をあたえる。

②乳製品や菓子などを生産する企業では，輸入された安い原料の使用と「地産地消」とのバランスが課題となっている。

見方・考え方 解答例

共通点
・東北地方などのように，日本有数の米の生産地がある。
・畑作も行われる。

ちがい
・全国でもとくに，北海道の農家は大規模な生産を行う。
・輪作が行われる。
・酪農が盛んで，乳牛の飼育数は全国でも有数である。

チェック 解答例

・石狩平野をはじめとして，〜米の生産地になっています。
・十勝平野では，〜気温が低い地域での栽培に適した小麦やてんさい，じゃがいも，小豆などの生産が盛んです。
・根釧台地や十勝平野では，〜乳牛の飼育を行う酪農が盛んです。

トライ 解答例

・気温の低い北海道では，寒さに強い稲を生む品種改良が行われたりしている。
・十勝平野では，気温が低い地域での栽培に適した農作物が作られている。

第3編 第3章 日本の諸地域

自然の特色を生かした産業

ここに注目！

1 地域の資源を活用する製造業
北海道の製造業にはどのような特徴があるのかな？

2 世界とつながる観光業
北海道の観光業にはどのような特徴があるのかな？

3 地域の発展と環境保全の両立
環境の保全のために，どのようなことが行われているのかな？

 北海道地方では，観光業をどのように発展させようとしているのかな。

● 教科書 p.264〜265

見方・考え方 解答例

北海道は日本のほかの地域と異なり，冷帯に属するなど独特の気候を生かした観光業が発展している。その中で，ほかの地域と同じように，自然環境の保全と地域の発展とを両立する，持続可能な社会づくりが目指されている。

 チェック 解答例

(1)・さっぽろ雪まつり
・流氷
・スキー

(2)・新鮮な魚介類を生かした食事
・エコツーリズム

 トライ 解答例

観光客が自然との関わり方を考える観光業の形であるエコツーリズムは，観光の保全と地域の発展とを両立させる，持続可能な社会づくりにつながるため，広まっている。

---

1 地域の資源を活用する製造業
北海道でとれた原材料を加工する製造業を中心に発展してきた。

①北海道の各地域にある都市では，地域の特色を生かした農林水産業や，そこでとれた原材料を加工する製造業が発展してきた。

帯広	生乳からバターやチーズを作る食品工場が集まる。
苫小牧	木材から紙を作る製紙業が盛んである。
根室	魚介類を加工して保存する缶詰工場が多くある。

②函館，釧路，小樽は，水あげ漁が多い漁港として発展してきた。
③夕張や釧路では，明治からの炭鉱の開発で都市が発展した。
→第二次世界大戦後，外国産の石炭の輸入が増え，相次いで閉山。

2 世界とつながる観光業
北海道では，気候も貴重な観光資源。観光業の発展は地域の活性化につながっている。

①北海道では気候も貴重な観光資源である。
・毎年開かれるさっぽろ雪まつりには200万人以上の人々が訪れる。
・ニセコや富良野では，オーストラリアやシンガポールから北海道の細かい雪質を求めてスキーをしにくる観光客が増えている。
・世界遺産（自然遺産）の知床も観光客をひきつけている。

3 地域の発展と環境保全の両立
自然との関わり方を考える観光の形として，エコツーリズムが広まっている。

①自然の仕組みを学ぶエコツーリズムが広まっている。
→自然との関わり方を考える観光の形
②観光業を通じて，環境の保全と地域の発展とを両立させる，持続可能な社会づくりが目指されている。

北海道地方をふり返ろう

●教科書 p.266

1 ①オホーツク(海)

②知床(半島)

③択捉(島)

④根釧(台地)

⑤根室(半島)

⑥十勝(平野)

⑦石狩(川)

⑧石狩(平野)

⑨洞爺(湖)

⑩有珠(山)

3編3章の学習を確認しよう

●教科書 p.269

1 **❶シラス**：火山の噴出物が厚く積もった地層。

❷さんご礁：さんごの仲間の骨格や石灰質のからを持つ生物の死骸が積み重なって作られる地形。

❸本州四国連絡橋：本州と四国を結ぶ橋。神戸・鳴門ルート(明石海峡大橋，大鳴門橋)，児島・坂出ルート(瀬戸大橋)，尾道・今治ルート(瀬戸内しまなみ海道)の3ルートがある。

❹石油化学コンビナート：石油精製工場を中心に，関連する企業や工場が集まっている地域。

❺昼間人口：地域に住んでいる人口に通勤・通学でほかの市町村から来る人を加え，通勤・通学でほかの市町村へ出て行く人を除いた人口のこと。

❻再開発：大都市の中心部で，古い建物をこわすなどして，計画的に開発し直すこと。

❼ニュータウン：新しく作られた街のこと。主に都市の郊外につくられるときにいわれる。

❽施設園芸農業：ビニールハウスや温室などを使い，花や野菜，果実などを主に大消費地向けに生産する農業のこと。

❾高原野菜：高原で栽培される野菜。主にキャベツやレタスなど。

❿伝統産業：地域で古くから受けつがれてきた技術などが用いられる産業のこと。

⓫近郊農業：出荷する野菜や果物などは新鮮さが求められるため，大消費地である大都市近郊で行われるようになった農業のこと。

⓬潮境：暖流と寒流とがぶつかる場所。

⓭やませ：夏に東北地方の太平洋側でみられる，冷たくしめった北東の風。

⓮酪農：牧草などの飼料を栽培して乳牛などを飼育し，乳製品を生産する農業のこと。

⓯エコツーリズム：地域の自然環境や文化などを観光資源とし，それらを体験したり学んだりする観光の形。

2 (1)ア：酪農　　イ：やませ

ウ：潮境　　エ：近郊農業

オ：施設園芸農業　　カ：高原野菜

キ：ニュータウン

ク：本州四国連絡経

ケ：石油化学コンビナート

コ：シラス

サ：さんご礁

(2)①：ニュータウン　②：昼間人口

③：再開発　　　④：近郊農業

⑤：伝統産業　　⑥：エコツーリズム

3 ①：環境の保全　②：少子高齢化

③：扇状地　　④：果樹栽培

⑤：過疎化　　⑥：情報通信

⑦：津波　　　⑧：防災意識

❶ 九州地方の自然について，次の地図を見て，下の問いに答えなさい。

(1) A〜Cの火山の名前を，それぞれ答えなさい。

(2) Bの火山の噴火により，火山灰や溶岩がふき出したあとが大きなくぼ地になっています。これを何というか，答えなさい。

(3) Cの火山の噴火により，周辺には白い噴出物が積もってできた地層が広がっています。これを何というか，答えなさい。

❷ 九州地方の産業について，次の問いに答えなさい。

(1) 九州北部に広がり，九州を代表する穀倉地帯となっている平野を答えなさい。

(2) 宮崎県では，暖かい気候を利用してきゅうりやピーマンなどの野菜をビニールハウスで栽培し，出荷時期を早めています。このような栽培方法を何というか，答えなさい。

(3) 暖かい気候を利用して，沖縄県で栽培が盛んな農作物を，次の語群から三つ選びなさい。

〔語群〕 米　　花　　小麦　　さとうきび　　パイナップル　　りんご

❸ 中国・四国地方の自然について，次の文と地図を見て，下の問いに答えなさい。

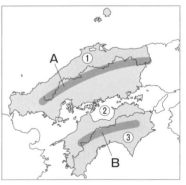

（　①　）はAの山地の北で，冬に（　あ　）からふく季節風の影響で，雨や雪が多く降る。（　②　）は，年間を通して降水量が少なく，温暖である。（　③　）は，夏の（　い　）の季節風や台風の影響で，降水量が多い。

(1) 地図中のA・Bの山地の名前を答えなさい。

(2) 文中の（　①　）〜（　③　）に当てはまる地域名を答えなさい。

(3) 文中の（　あ　），（　い　）に当てはまる方位（8方位）を答えなさい。

❹ 中国・四国地方の産業について，次の問いに答えなさい。

(1) 岡山県の水島地区，山口県の周南市，愛媛県の新居浜市などに見られ，石油の精製や生産施設が機能的に配置された所を何というか，答えなさい。

(2) 愛媛県を中心に，和歌山県・静岡県や九州各県で栽培が盛んな果物を答えなさい。

(3) 中国地方における広島市のように，それぞれの地方の政治や経済・文化の中心としての役割を果たしている都市を何とよぶか，答えなさい。

❶ 解答

(1) A：雲仙岳
　　B：阿蘇山
　　C：桜島(御岳)
(2) カルデラ
(3) シラス

ココがポイント！

(1) Aは長崎県の雲仙岳，Bは熊本県の阿蘇山，Cは鹿児島県の桜島(御岳)である。
(2) 阿蘇山の噴火により，カルデラとよばれる大きなくぼ地ができた。
(3) 桜島の噴火により，火山灰や噴出物が積もってシラスとよばれる地層ができた。

❷ 解答

(1) 筑紫平野
(2) 促成栽培
(3) 花, さとうきび, パイナップル(順不同)

ココがポイント！

(1) 福岡県南部から佐賀県にかけて広がる筑紫平野。
(2) 促成栽培とよばれる栽培方法。高知県でも盛んである。
(3) 花, さとうきび, パイナップルなどを，暖かい気候を生かして栽培している。花は，輸送時間が短い飛行機で，東京などの市場へ運ばれる。

❸ 解答

(1) A：中国山地
　　B：四国山地
(2) ①：山陰　②：瀬戸内
　　③：南四国
(3) あ：北西　い：南東

ココがポイント！

(1) Aはなだらかな中国山地，Bは険しい四国山地。
(2) 中国・四国地方は，北から①山陰，②瀬戸内，③南四国に分けられる。
(3) （　あ　）は冬に北西から，（　い　）は夏に南東からふく。

❹ 解答

(1) 石油化学コンビナート
(2) みかん
(3) 地方中枢地区

ココがポイント！

(1) 石油化学コンビナートは，石油の輸入や製品の運搬に便利な臨海部にある。
(2) みかんは暖かい気候での栽培に適している。
(3) 広島市は地方中枢都市としての役割がある。

❺ 近畿地方の自然について，次の地図を見て，下の問いに答えなさい。

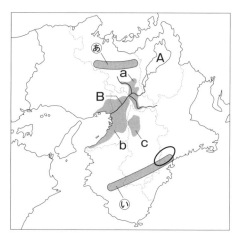

(1) Aの湖と，そこから流れ出し大阪湾にそそぐBの川（おおさかわん）の名前を，それぞれ答えなさい。

(2) a～cの平野や盆地（ぼんち）の名前を答えなさい。

(3) あ・いの山地や高地の名前を答えなさい。

(4) ◯で囲んだ地域の説明として正しいものを次のア～ウから選び，記号で答えなさい。
　ア　温暖で乾燥（かんそう）した地域である。
　イ　冷涼（れいりょう）で雨が多い地域である。
　ウ　温暖で雨が多い地域である。

❻ 近畿地方の産業について，次の問いに答えなさい。

(1) 阪神（はんしん）工業地帯の特色を説明した次の文中の（　①　）～（　③　）に当てはまる語句を答えなさい。

　　戦前はせんい工業が発展し，戦後は（　①　）部に（　②　）や製鉄所が立地した。内陸部には高い技術をほこる（　③　）も見られる。

(2) 京都の西陣織（にしじんおり）や京友禅（きょうゆうぜん），堺（さかい）の刃物（はもの）など，古い伝統を持ち現在にまで伝わる工芸品を特に何と呼ぶか，答えなさい。

(3) ニュータウンを造るために神戸市の丘陵地（きゅうりょうち）を切り開き，けずって得た土砂（どしゃ）でうめ立てをして誕生（たんじょう）した人工島を何というか，答えなさい。

❼ 中部地方の自然について，次の地図を見て，下の問いに答えなさい。

(1) A～Dの山脈の名前を答えなさい。

(2) あ・いの平野の名前を答えなさい。

(3) 地図中に太線で示した①～③の地域に当てはまる雨温図を，下のア～ウからそれぞれ選びなさい。

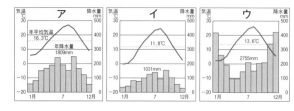

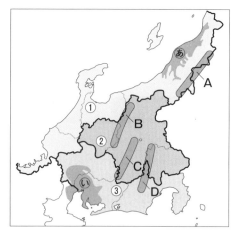

❺ 解答

(1) A：琵琶湖
　　B：淀川
(2) a：京都盆地
　　b：大阪平野
　　c：奈良盆地
(3) あ：丹波高地
　　い：紀伊山地
(4) ウ

ココがポイント！

(1) Aは日本最大の湖の琵琶湖，Bの川はそこから瀬田川として流れ出し，宇治川と名前をかえ，淀川として大阪湾にそそぐ。
(2) aは京都盆地，bは大阪平野，cは奈良盆地。大阪平野は近畿で最大の平野である。
(3) あはなだらかな丹波高地，いは険しい紀伊山地。
(4) ◯で囲んだ地域は，太平洋を流れる暖流の黒潮（日本海流）の影響で暖かく，降水量が多いため，ウが正解。

❻ 解答

(1) ①：臨海（部）
　　②：石油化学コンビナート
　　③：中小企業
(2) 伝統的工芸品
(3) ポートアイランド

ココがポイント！

(1) 臨海部に石油化学コンビナートができた。内陸部の中小企業には高い技術がある。
(2) 伝統的工芸品は，東北地方にも多い。
(3) ポートアイランド。そのあとに六甲アイランドもできた。

❼ 解答

(1) A：越後山脈
　　B：飛驒山脈
　　C：木曽山脈
　　D：赤石山脈
(2) あ：越後平野
　　い：濃尾平野
(3) ①：ウ
　　②：イ
　　③：ア

ココがポイント！

(1) Aは越後山脈，Bは飛驒山脈，Cは木曽山脈，Dは赤石山脈。
(2) あは越後平野，いは濃尾平野。
(3) ①は北陸地方で，冬に降水量（雪）が多い日本海側の気候なのでウ。②は中央高地で，一年の気温差が大きく降水量が少ない中央高地の気候なのでイ。③は東海地方で，夏に降水量の多い太平洋側の気候なのでア。

❽ 中部地方の産業について，次の問いに答えなさい。

(1) 自動車の生産地として最も代表的な愛知県の都市の名前を答えなさい。

(2) 東海地方で盛んな，野菜や花などを温室やビニールハウスなどの施設を利用して栽培する農業を何というか，答えなさい。

(3) 小千谷ちぢみ，輪島塗，加賀友禅などを生産する産業を何というか，答えなさい。

(4) 八ヶ岳や浅間山のふもとで栽培されている高原野菜の例を，二つ答えなさい。

❾ 関東地方の自然について，次の地図を見て，下の問いに答えなさい。

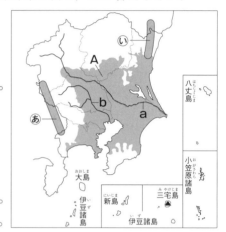

(1) Ａの平野と，a・bの川の名前を答えなさい。

(2) Ａの平野に広がる，火山灰などが積もってできた赤土を何というか，答えなさい。

(3) あ・いの山地や高地の名前を答えなさい。

(4) 関東地方の平野部の気候の説明として正しいものを次のア～イから選び，記号で答えなさい。
　　ア　夏は乾燥し，冬はからっ風でさらに乾燥する。
　　イ　夏は蒸し暑く，冬はからっ風で乾燥する。

❿ 関東地方の産業について，次の問いに答えなさい。

(1) 次の文中の（　①　）～（　③　）に当てはまる語句を答えなさい。
　　（　①　）工業地帯や（　②　）工業地域は臨海部に広がり，内陸部の北関東工業地域には（　③　）も点在している。

(2) 大都市向けに，新鮮さを求められる野菜や果物を栽培する農業を答えなさい。

(3) 日本の港湾別(空港もふくむ)貿易額の第1位は，関東地方のどこか，答えなさい。

⓫ 東北地方の自然について，次の地図を見て，下の問いに答えなさい。

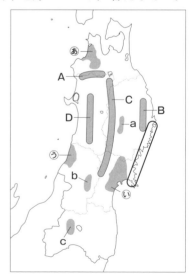

(1) Ａ～Ｄの山地や山脈，高地の名前を答えなさい。

(2) あ～うの平野の名前を答えなさい。

(3) a～cの盆地の名前を答えなさい。

(4) ◯で示した地域に見られる地形は何ですか。

(5) 夏，寒流の親潮（千島海流）の影響でふく湿った北東の風を何とよぶか，答えなさい。

❽ 解答

(1) 豊田市
(2) 施設園芸農業
(3) 伝統産業
(4) レタス，キャベツ
　　（順不同）

ココがポイント！

(1) 自動車が愛知県の豊田市を中心に生産されている。
(2) 施設を使って野菜や花などを生産する園芸農業なので，施設園芸農業となる。
(3) 伝統産業。地場産業は富山の売薬などがあてはまる。
(4) 代表的なものはレタスやキャベツ。

❾ 解答

(1) A：関東平野
　　a：利根川
　　b：荒川
(2) 関東ローム
(3) あ：関東山地
　　い：阿武隈高地
(4) イ

ココがポイント！

(1) Aは関東平野で，aの利根川，bの荒川などが流れる。
(2) 富士山の噴火などで堆積した赤土は，関東ロームという。この土の広がる台地は畑作地として利用され，現在は住宅地や工場用地にもなっている。
(3) あは関東山地，いは東北地方から続く阿武隈高地。
(4) 夏は太平洋からの南東の季節風で蒸し暑く，冬は越後山脈をこえてきた北西の乾いた季節風で乾燥している。

❿ 解答

(1) ①：京浜
　　②：京葉
　　③：工業団地
(2) 近郊農業
(3) 成田国際空港（成田空港）

ココがポイント！

(1) 京浜工業地帯や京葉工業地域は臨海部にあり，内陸部の工業地域には工業団地がある。
(2) 大都市の近郊で行われる近郊農業。
(3) 成田国際空港（成田空港）。東京港や横浜港も上位で，関東地方は世界への窓口を担っている。

⓫ 解答

(1) A：白神山地
　　B：北上高地
　　C：奥羽山脈
　　D：出羽山地
(2) あ：津軽平野
　　い：仙台平野
　　う：庄内平野
(3) a：北上盆地
　　b：山形盆地
　　c：会津盆地
(4) リアス海岸
(5) やませ

ココがポイント！

(1) Aは白神山地，Bは北上高地，Cは奥羽山脈，Dは出羽山地。Aの白神山地が世界遺産（自然遺産）に登録されている。
(2) あは津軽平野，いは仙台平野，うは庄内平野。それぞれの平野には県庁所在地がある。
(3) aは北上盆地，bは山形盆地，cは会津盆地。盆地では，果樹栽培が行われている。
(4) リアス海岸。天然の良港が多い地域で，港は東日本大震災で大きな被害を受けたが，復旧・復興が続けられている。
(5) やませという。これがふくと低温や日照不足になり，農作物が十分に生育しない冷害につながる。

⑫ 東北地方の産業について，次の問いに答えなさい。

(1) 津軽平野，山形盆地，福島盆地で特に生産が盛んな果物を，次の語群からそれぞれ一つずつ選びなさい。　　　　〔語群〕　みかん　　さくらんぼ　　もも　　りんご

(2) 三陸海岸の沖は寒流と暖流がぶつかり，多くの魚が集まることから，良い漁場となっています。このような場所を何というか，答えなさい。

(3) 東北地方の各県で「受けつがれる夏祭りのうち，秋田市で行われるものを答えなさい。

(4) 東北地方に伝わる伝統的工芸品のうち，青森県，岩手県，福島県のものを，次の語群からそれぞれ選びなさい。　　　　〔語群〕　南部鉄器　　会津塗　　津軽塗

⑬ 北海道地方の自然について，右の地図を見て，次の問いに答えなさい。

(1) A・Bの山地や山脈の名前を答えなさい。

(2) a～cの平野や台地の名前を答えなさい。

(3) 次の文中の（ ① ）～（ ⑤ ）に当てはまる語句を，それぞれ答えなさい。

北海道は，（ ① ）気候に属する。（ ② ）と湿度が低く，6～7月にかけて（ ③ ）は見られない。太平洋の沿岸地域は夏に（ ④ ）が発生し，オホーツク海沿岸は冬に（ ⑤ ）が流れ着く。

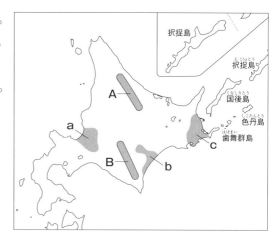

⑭ 北海道地方の産業について，次の問いに答えなさい。

(1) 稲作に不向きな石狩平野では，泥炭地に土を運び入れて土地改良をしました。これを何とよびますか。

(2) 畑作が盛んな十勝平野では，土地の栄養を落とさないようにするため，どのような方法で小麦やてんさい，じゃがいもなどを栽培しているか，答えなさい。

(3) 北海道にもともと住んでいた先住の民族は，何とよばれる人たちか，答えなさい。

⑫ 解答

(1) 津軽平野：りんご
    山形盆地：さくらんぼ
    福島盆地：もも
(2) 潮境
(3) 秋田竿灯まつり
(4) 青森県：津軽塗
    岩手県：南部鉄器
    福島県：会津塗

ココがポイント！

(1) 津軽平野はりんご，山形盆地はさくらんぼ，福島盆地はもももの生産が盛ん。
(2) 潮境とよぶ。寒流の親潮(千島海流)と暖流の黒潮(日本海流)がぶつかる。
(3) 秋田市では，提灯を米俵に見立てた秋田竿灯まつりが行われる。
(4) 青森県は津軽塗，岩手県は南部鉄器，福島県は会津塗。地名からも判断できる。

⑬ 解答

(1) A：北見山地
    B：日高山脈
(2) a：石狩平野
    b：十勝平野
    c：根釧台地
(3) ①：冷帯
    ②：気温
    ③：梅雨
    ④：濃霧
    ⑤：流氷

ココがポイント！

(1) Aは北見山地，Bは日高山脈。いずれも南北に走っている。
(2) aは石狩平野，bは十勝平野，cは根釧台地。石狩平野は日本有数の米の生産地で，十勝平野や釧路台地では，酪農が盛んである。
(3) 北海道は冷涼・寒冷な冷帯の気候で，気温や湿度が低い。本州以南とちがって梅雨が見られない。夏は南東の湿った季節風が寒流の親潮で冷やされて，濃霧が発生することがある。冬は北のオホーツク海沿岸に流氷が流れ着き，観光資源にもなっている。

⑭ 解答

(1) 客土
(2) 輪作
(3) アイヌの人たち

ココがポイント！

(1) 客土や品種改良で，石狩平野は米の生産地になった。
(2) 同じ土地で，年や時期ごとに異なる作物を作る輪作という方法が採られている。
(3) 北海道には，もともとアイヌの人たちが住んでいた。明治時代になって，屯田兵などが北海道で大規模な開拓を行い，アイヌの人たちの土地がうばわれていった。

地域の在り方

4章

1 身近な地域の課題を見つける

●教科書 p.270〜271

ここに注目！

1 地球規模の課題とSDGs	**2** 日本の地域的な課題	**3** 宮崎市の例
SDGsとはどのようなものなのかな？	日本の地域的な課題はどのような視点で見るとよいのかな？	どのような課題を見つけるとよいのかな？

 身近な地域にはどのような課題があるのかな。

スキル・アップ 30
📓 集める

世界の地域…過密，住宅不足，人口爆発，渋滞，鉱産資源の枯渇，地域の統合，モノカルチャー，戦争や地域紛争，経済格差，環境問題，文化などのちがいによる対立。

日本の地域…自然環境：自然災害，環境問題，防災・減災，環境保全。
人口や都市・村落：少子高齢化，都市機能の集中
産業：産業の空洞化，エネルギーの利用。
交通・通信：交通網の整備，通信網の整備。
伝統・文化：伝統の継承，新しい文化の創造。

　地域の調査は，次のような流れで行われる。課題を見つける→構想テーマを決める→情報を集める→要因を考察する→対策を考える→発表する。

1 地球規模の課題とSDGs　SDGsでは，持続可能な社会づくりのために世界各国で取り組む目標が整理されている。

①世界には，特定の国や地域だけでは解決が難しい，地球規模の課題がある。

②2015（平成27）年に国際連合（国連）が持続可能な開発目標（SDGs）を定めた。

・SDGs…(1)世界各国が取り組むべき目標を17個に整理している。
　　　　(2)持続可能な社会づくりのために解決しなければならない課題を見つける参考になる。

2 日本の地域的な課題　さまざまな地域で共通に見られ，私たちが優先して解決すべきだといえる課題を探す。

①日本の各地をSDGsのゴール11「住み続けられるまちづくりを」の視点から見てみる。

・同じ「まちづくり」でも，人口が減っている山間部と，若者の人口が増えている都市部，人口は変わらず高齢化が進んでいる地域とでは，課題やその背景が異なる。

・さまざまな地域で共通して見られ，解決すべきだといえる課題を見つける。

3 宮崎市の例　宮崎市を事例に「住み続けられるまちづくり」の在り方を考える。

①宮崎にも見られる課題には，交通網の整備や少子高齢化などがある。

②宮崎市を事例に「住み続けられるまちづくり」の在り方を考える。

2 課題を調査する

ここに注目！

1 どこで起こっているか
どこで起こっているかを知ることはなぜ必要なのかな？

2 どのように起こったか
どのように起こったかを知ると何がわかるのかな？

3 宮崎市の例
宮崎市にはどのような課題があるのかな？

? 身近な地域の課題は，どこで，どのように起こっているのかな。

---

1 どこで起こっているか ▶ **中心市街地と郊外とでは，課題の現れ方がちがう。**

①地域の課題を理解するとき，どこでどのような課題が起こっているかを理解する必要がある。

→位置や分布に注目する。

②駅や行政機関などがある中心市街地と，住宅が広がり大規模なショッピングセンターがある郊外とでは，課題の現れ方がちがう。

2 どのように起こったか ▶ **課題が起こった経緯に注目すると，課題を具体的にとらえられる。**

①地域が直面する課題について，地域の移り変わりに注目すると，その課題の背景や原因をよりくわしくとらえることができる。

（例）

・50年前と現在の写真を比較する。

・地形図から土地利用の様子を，地域が開発された時期ごとに見る。

②どのような経緯で課題が起こってきたかに注目すると，課題を具体的にとらえることができる。

3 宮崎市の例 ▶ **中心市街地では，人が集まらなくなった。郊外では，急速に少子高齢化が進んでいる。**

①市の商店が多い中心市街地の現状や変化に関する資料からは，中心地での歩行者の減少や，空き家の割合が高くなっていることが読み取れた。

→「中心市街地に人が集まらなくなった」という宮崎市の課題を導いた。

②「交通弱者」とよばれる自動車が運転できない人は，高齢者になるほどその割合が高い。そこで，年齢層に注目して資料を集めてみる。

→宮崎市の郊外では，急速に少子高齢化が進んでいることが分かった。

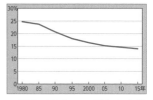
15歳までの人口の割合の変化
（国勢調査）

高齢者の地区別の割合

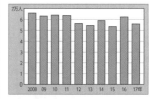
中心市街地の歩行者の通行量の変化（宮崎市資料）

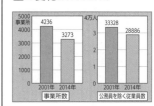
中心市街地の事業所の変化
（宮崎市資料）

3 要因を考察する

1 課題の要因を考察する	2 課題の影響を考察する	3 宮崎市の例
課題の要因は，どのように考察するのかな？	なぜ課題の影響を考察するのかな？	宮崎市についてどのような考察をするのかな？

? 身近な地域の課題は，なぜ生まれ，地域にどのような影響をあたえているのかな。

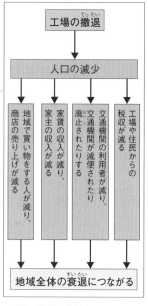

工場の撤退が地域にあたえる影響の例

影響を推測する

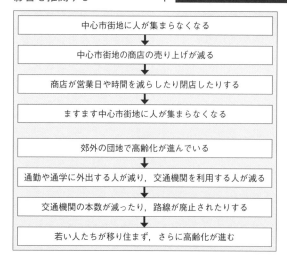

1 課題の要因を考察する

課題の要因は，さまざまな角度から考察してみることが必要である。

①具体的にとらえた課題について，その下線原因や影響を考察する。

②地域で起こる課題の多くは，人々の経済活動や生活様式の変化が要因となっている。

③交通網の整備やインターネットの広がりが，人，もの，情報の結び付き方を変え，新しい課題を生み出すこともある。

→課題の要因は，さまざまな角度から考えてみることが必要である。

2 課題の影響を考察する

課題の影響を考察することは，課題解決の必要性を考える参考になる。

①課題が生じると，直接関係していない所にも影響することもある。

(例)ある工場の撤退が，地域全体の衰退につながる。

②どこにどのような影響があるかを考察する。

→課題解決の必要性を考える参考になる。

3 宮崎市の例

現在の状況が続くとどうなるのか，生活にどのような影響をあたえるのかを考える。

①中心市街地に人が集まらないという課題について調査をすると，郊外のショッピングセンターに買い物客が集まっていることが分かった。

→このまま人が集まらない状況が続くとどうなるかを考える。

②宮崎市の郊外で，1970〜1990年代に造られた住宅団地に若い家族が移り住み，時間の経過とともに高齢化が進んでいる。

→「交通弱者」が増えていると予想。

→交通弱者の増加は，生活にどのような影響をあたえるかを考える。

④ 解決策を構想する

●教科書 p.276〜277

ここに注目！

■1 他地域の取り組みを調べる	■2 地域の課題に合わせて考える	■3 宮崎市の例
なぜ他地域の取り組みを調べるのかな？	課題について，どのように考えればよいのかな？	他地域では,同じような課題への対応をしているのかな？

? 身近な地域の課題を解決するためには，どうしたらよいのかな。

■1 他地域の取り組みを調べる ▶ 他地域の事例を参考にすることで，より効果的な解決策が見つけられる。

①同じような課題に直面する<u>ほかの地域</u>の取り組みを参考にしてみると，よい<u>アイディア</u>が見つかる。

②解決策は<u>一つ</u>とは限らない。

　(例)地域の活性化の提案の場合

　・イベントを開催する。／地域の魅力をインターネットで発信する。

　→さまざまな事例を参考にすることで，より<u>効果的</u>な解決策を見つけることができる。

■2 地域の課題に合わせて考える ▶ 参考にした解決策をそのまま身近な地域に当てはめず，課題に合わせて考える。

①参考にした解決策は，そのまま身近な地域に当てはめればよいわけではない。

　→地域の<u>実情</u>によって解決策は異なる。

　(例)地域の経済の衰退の理由が，工場の撤退の場合

　・働く機会や場所を創ることが解決にふさわしい。

■3 宮崎市の例 ▶ 他地域でも，宮崎市と同じような課題に対する取り組みが行われている。

①中心市街地活性化…石川県金沢市では，市が運営の補助をする<u>コミュニティバス</u>が走っている。

　→中心市街地と<u>郊外</u>を結ぶ／<u>床</u>が<u>低く</u>て乗り降りしやすい／<u>小型</u>でせまい道でも走れる／運賃は安く，乗車区間にかかわらず<u>一律</u>

②高齢化への対応…大手コンビニエンスストアが，家庭への商品の配達サービスと同時に，高齢者の様子の<u>見守り</u>，異変時に<u>通報</u>するといった協定を，<u>都道府県</u>や<u>市町村</u>と結んでいる。

　→広い流通のネットワークを持つ<u>企業</u>が協力する取り組みとして注目される。

アイディアを見つけるために，ほかの地域の取り組みを参考にしてみましょう。

	コミュニティバスの充実	商品の宅配サービスの際の見守り活動
メリット	・出かけやすくなる。 ・自家用車が減り，渋滞しにくくなる。	・外出しなくても買い物ができる。 ・家族がはなれていても安心。
デメリット	・バス停が遠い地域はなくせない。 ・費用がかかる。	・コンビニエンスストアの宅配サービスを申しこむ必要がある。

事例のメリットとデメリットを整理した例

第3編第4章 地域の在り方

159

5 地域の将来像を提案する

●教科書 p.278～281

ここに注目！

1 解決策を提案する方法
どのような提案の方法があるのかな？

2 根拠や立場を明確にする
根拠や立場を明確にするのはなぜかな？

3 宮崎市の例
どのように提案するのかな？

？ 身近な地域の課題の解決策をまとめ，地域の将来像を提案するには，どうしたらよいのかな。

相手によりよく伝わる提案の方法を考えましょう。

1 解決策を提案する方法
提案内容を地図やイラスト，映像などを使用して資料にまとめて，具体的に伝える。

①課題の解決策を提案する場合，複数の案を提案することも，一つの案にしぼって提案することもできる。

②提案内容を地図やイラスト，映像などを用いて資料にまとめて，具体的に伝えるとよい。

2 根拠や立場を明確にする
根拠を明確にすると説得力が生まれる。自分はどの立場で主張するかを明確する。

①提案するときは，提案の根拠（こんきょ）を明確にする。→説得力が高まる。

②自分がどのような立場で主張するのかを明確にすることも大切。

→立場が変われば解決策も異なる。他者の主張や異なる意見を取り入れて，新たな提案をまとめることも考えられる。

3 宮崎市の例
より良い提案にするために，提案した相手から，意見を聞く。

①課題の解決策についてグループで議論する。

②さまざまな提案の中から一つの案にしぼる。

③グループでさらに具体的な解決策を考える。

→結果，3つの提案にまとめられた。

④それぞれの案を市役所や地域の会社を訪ねて意見を聞く。

解決策をまとめた例

コミュニティバスを運行する	
運行時間	9:00～17:00
運行本数	1時間間隔
運賃	200円均一
特徴	郊外の住宅地を重点的に運行する。

バス会社が運行するバスを活用する	
運行時間	6:00～10:00と，16:00～21:00
運行本数	30分間隔
運賃	100円～300円の距離別運賃
特徴	郊外のショッピングセンターにも乗り入れる。

乗合タクシーを活用する	
運行時間	24時間
運行本数	電話かインターネットで予約する
運賃	1台につき1000円の定額制
特徴	希望の時間や行き先が近い客をいっしょに運ぶ。